Café Jericho

카페 제리코

초판 인쇄 2012년 10월 4일
초판 발행 2012년 10월 20일

펴낸이 최은숙
펴낸곳 옐로스톤

지은이 백지혜
일러스트 박세연 / **디자인** 박소희
종이 세종페이퍼 / **인쇄** 영신사

주소 (121-838) 서울시 마포구 동교동 150-11 백초빌딩 4층
전화 02-323-8851 / **팩스** 031-911-4638 / **전자우편** dyitte@gmail.com
등록 2008년 3월 19일 제396-2008-00030

ISBN 978-89-968228-2-0   13590

저작권법에 의해 보호를 받는 저작물이므로 무단 복제 및 무단 전세를 금합니다.

제리코에서 보낸
959일
카페 스토리

백지혜 지음

Café Jericho
카페 제리코

옐로
스톤

Prologue
Invitation

쿠키 에릭, 마감녀, 비비, 도널드G, 영국동지, 하나와 올리버, 애니월드, 커피러버, 아기곰, 발레리아, 섹시버블, 테디, 바닐라, 울트라할리, 코파카바나, 미미커플, 이엄씨, 99트윈스, 슈맹키, 캔디 로니카, 쉬크쉐이, 조나단, 올란도, 토스트맨, 옥여사, 쿨뎅바, Mr.Eden, 애마연정, 바른생활 청년 드류, 희진낭자, 준, 무늬마공주, 칼리포니아 커플, 달자네, 카프카, 독서왕 아로미, 포메라, 치킨버스, 만주맨, 무탈이네, 모모, 여인슈가, 나모올리브, 달빛여인, 마실패밀리, 양양, 청년아산, NASA꿈나무, 러브포션, 마스터 다이버, 힙합전사 갱소녀, 돌체가이, 무지개떡, 검사포스자림, 김무의미씨, 파리화가, 관찰자 S, 딸아저씨, 네꼬바이크, 시티가이, 스마트간지, Dr.초이,

친구의 손에 이끌려 처음 제리코를 찾은 뒤로 지금은 벗이 된 코끼리 박지산은 카페 제리코를 두고 '봄볕이 고여 있는 마을'이라고 표현한 적이 있었다.
햇살이 잘 들고 안이 훤히 들여다보이는 작고 투명한 유리 상자 같았던 카페 제리코에서 959일이 95일처럼 쏜살같이 지나갔다.
커피와 음악, 음식 그리고 그곳을 따뜻한 온기로 채워주었던 다정한 이웃들과 방문자들.
제리코 스토리는 그 찰나와도 같았던 하루하루의 기록이자, 제리코를 기억하는 모든 사람들에게 백마담이 바치는 장문의 러브레터이다.
959일이 지났고 960일은 아직 오지 않았지만, 이 글을 읽고 있는 그 누구라도 제리코와 백마담을 보고 싶은 이가 있다면, 마치 어제 온 손님을 맞이하는 다정한 마음으로 부끄러운 손을 내밀고 싶다.
미래의 어느 날 불현듯 찾아올지도 모르는 그날을 꿈꾸며……

CONTENTS
카페 제리코 제리코에서 보낸 959일 카페 스토리

Prologue 4

첫 번째 봄

굿모닝 스팅 13
정오의 홍차 16
Sexy Bubble 18
생활의 발견 21
치킨버스 24
나는야 백마담 26
내 사랑 미니 29
Jericho Community 32
돌체가이 34
Wall Painting 36
한국어 교실 38
Jericho Flea Market 40
Toastman 44
제리코 스페셜 메뉴 49
내겐 조금 특별한 이름 51
마감녀의 비애 54
한여름 밤의 소박한 연주회 58
Before Sunset 60
가을이 내게 가져다준 것 66
A Good Neighbor 69
프렌치 어쿠스틱 72

행자씨에게 축복을 74
DN빌딩 202호 76
Autumn brings Us Joyumn 78
Candy Ronika 80
Let's be in Limelight 84
마라도나의 초상 86
뜨개질하는 여자 90
첫눈 92
크리스마스에는 94
안녕 겨울 96
핸드메이드 카드 98
Jonathan's Wish 100
몽상가들의 추억 103

두번째 봄

고양이를 닮은 기타 109
초상화의 암울한 비밀 112
장기대여 품목 No.2와 No.3 116
골수 단골들과의 이별 이야기 120
식물 요양원 제리코 124
사랑방 128
일러스트레이터의 특별한 선물 131
자전거 도둑과 봄 133
길에서 만난 친구 136
쿠폰왕 138
웰컴 투 제리코 141
카프카 백작 143
나에게로 온 부적 147
원피스 공화국 150
부메랑 152
백마담의 안테나 155
See You Later 포메라 158
그 여름의 끝 160

흘러가다 잠시 멈추는 시간 165
가을 168
타로의 밤 172
어느 날 문득 174
영업의 고수 177
10월의 아침 181
Alicia did It 183
모닝빠진 커피집 186
건너편 이웃님께 188
가을편지 190
겨울 193
리틀 백마담 196
크리스마스 캐럴 198
성탄절 감상 200

세 번째 봄

Be My Guest 207
털실과의 작별 210
빨간 코트와 바꾼 어떤 것 212
함박눈 214
파리화가 216
빛나라 오븐 218
나의 다짐 219
갈매기의 꿈 221
그날 밤 그 거리 223
Hot Cookies 226
고맙다 제리코 229
2주년 선물 232
Saterday Pizza Day 234
화풀이 237
장항동에 정오가 오면 239
힙합소녀 241
My Little Jessi 245
마스터 다이버 248
언제나 유월 251
비 253
여행 257

가정식 요리 수업 260
Healing 264
I am Your Fan 266
연장영업 269
정말로 원해요 271
Waltz for Night 274
Goodbye for Now 277
관찰자S 279
10cm와 우주히피 281
제리코와 사람들 283
약속 286
Visiter's Day 290

Epilogue 294

THE FIRST YEAR

굿모닝 스팅

★

제리코의 아침이 밝았다. 공영 주차장을 마주한 이곳은 해가 좋은 날이면 카페의 전면 창으로 빛이 고스란히 스며들어온다. 주차장에 차들이 빼곡히 들어서 있을 뿐 거리는 아직 한산한 오전 10시 30분이면 제리코는 오픈 준비로 분주해진다.

매일 아침, 나는 열 살 된 애견 미니와 함께 출근한다. 출근과 동시에 맨 먼저 하는 일은 밤새 창을 가려놓았던 하얀색 블라인드를 5미터 천장 끝까지 올리는 일이다. 그 다음 컴퓨터의 전원을 켜고, 언제나 습관처럼 스팅Sting의 'Songs from the Labyrinth' (2006년 발매)를 튼다. 그의 목소리에는 시작하는 모든 것들을 차분하게 만드는 마법 같은 힘이 있다. 그 다음 순서는 오늘 뽑을 커피의 상태를 위해 머신을 체크하는 일. 전날 청소하느라 해체해두었던 커피머신을 세팅하는 일은 카페 업무를 통틀어 가장 중요한 일이다.

가게를 마감할 때 안으로 들여놓았던 10개도 넘는 크고 작은 화분들을 바깥으로 꺼낼 즈음엔, 옆 블록에서 백반집을 운영하는 사장님이 출근을 앞두고 앞장 선 슈나이저 두 마리에게 끌려가듯 종종걸음으로 바삐 산책을 하는 풍경과 마주치게 된다.

작열하는 태양 아래서 힘없이 지쳐 있는 목마른 허브들에게 듬뿍 물을 뿌려주면 푸른 이파리들이 금세 다시 생생하게 피어오른다. 전날 락스에 담가놓고 간 행주들을 물에 헹궈 탁! 탁! 힘차게 털어 건조대에 널고 마룻바닥을 청소기로 돌린 후 걸레질을 하고 책장과 테이블을 닦고 나면, 드디어 나의 자리에 앉아 오늘의 커피를 마실 수 있다.
내가 하루 중 가장 행복해하는 순간이다.
커피 한 모금을 넘길 때 쯤이면 스팅 앨범의 마지막 트랙이 들려온다. 그즈음 주변 일대의 빌딩 숲에서 점심을 먹기 위해 나온 사람들로 좁은 골목이 채워지고, 제리코에도 손님들이 들어서기 시작한다.
늘 똑같은 순서로 반복되고 규칙적으로 모든 행동을 길들이는 제리코의 아침이다. 언제나 신기하리만치 평온한 아침을 내게 선사해주는.

내일도,
모레도,
일년 뒤에도,
소소하지만 정들여갈 나의 일상이 생긴 것이다.

정오의 홍차

★

아직까지는 손님 층이 다양하지 않은 제리코에 오픈 때부터 에스프레소와 레몬에이드의 골수팬이 되어 하루에 한 번씩 들르는 도널드 G와 같은 VIP도 있다. 근처 회사에 다니는 그가 오늘 지나는 길에 제리코에 들러 상자 하나를 주고 갔다.
음흉스러운 실눈을 뜨고 호기심을 드러내는 참새들을 잠시 매섭게 쨰려보고는 바에 앉아 선물받은 상자를 열었다.
'와…… 형형색색 화려한 티 셀렉션이네.'
색감에 이미 취해, 마시지 않고 바라보고만 있어도 이미 기분이 좋아졌다.
정오의 홍차라니. 내가 생각해도 호사스러운 점심시간이구나.
어제 장보면서 사온 쿠키 세트를 꺼내 애프터눈 티 타임을 가져야겠다.
오늘 내가 선택한 티는 '다즐링.'
눈부신 햇살이 오전 내내 테이블 위를 비추다가 어느새 복도를 빛내주고 있다.
낮의 제리코는 밤보다 확실히 더 예쁘다. 곧 있으면 오전 스태프가 퇴근하는 시간이고, 그 전까지 조금 더 이렇게 나른하게 있을 수 있다.

봄인지 초여름인지 경계도 없어진 요즘 들어 조금씩 새로운 손님들이 늘고 있다.

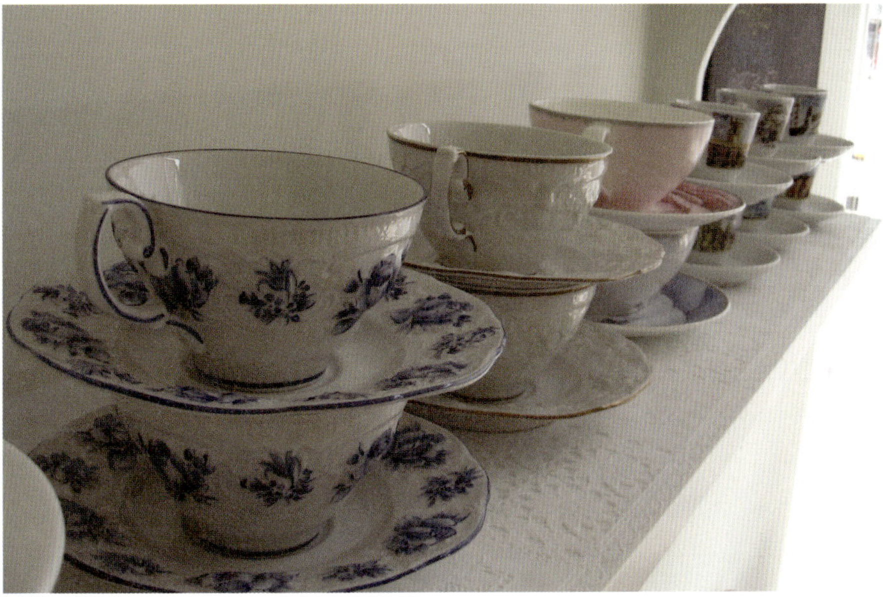

KAMILLE
ASSAM
DARJEELING
PFEFFERMINZE
EARL GREY
LEMON SKY®
ENGLISH BREAKFAST

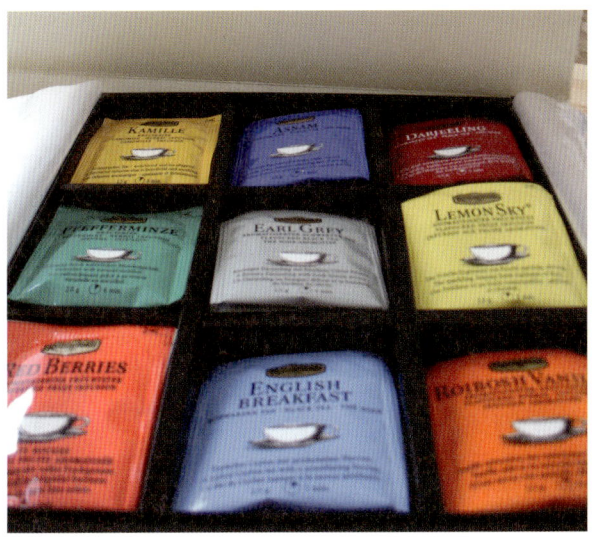

Sexy Bubble

★

토요일 아침부터 누가 이리도 애타게 나를 찾는 걸까?
질기게 울려대는 휴대전화 벨소리 잉거 마리_{Inger Marie}의 'Will you still love me tomorrow'가 연속적으로 울렸다. 떠지지 않는 눈을 비비며 비몽사몽 전화를 받았다.
"여보세요."
발신지는 제리코. 오전 시간에 카페 일을 도와주고 있는 사촌동생이 전화를 한 것이다. 시계를 보니 오전 10시가 조금 넘었다.
"언니, 손님이 아이스 카푸치노를 주문했는데, 우유거품을 잘 못 내겠어. 얼른 와서 만들어줘."
제리코 2층에서 총총 계단을 내려오는 일처럼 간단하게 말하는 동생은 지금 더위를 먹은 걸까?
"자신이 없으면 못한다고 하고 다른 주문을 받아. 나 딱 한 시간만 더 자고 나갈게."
그녀는 전화 수화기를 바짝 입에 갖다 댄 목소리로 나에게 속삭였다.
"언니, 얼른 오는 게 좋을걸?"
동생이 그렇게까지 말하는 데에는 분명 이유가 있을 것이다. 만약 그렇지 않으면 국물도 없을 테니까.
지난밤 늦게까지 영화를 보면서 맥주에 곁들여 먹은 오징어 때문에 얼굴이 퉁퉁 부었지만, 얼음세수를 할 기력도 없어 대충 준비하고 집을 나섰다.

나라면 다른 음료를 주문하고 말 것 같은데, 어떤 손님이기에 기다려서까지 내가 직접 만든 아이스 카푸치노를 마시겠다고 하는 것일까? 정작 만들어줬더니 신의 물방울을 너무 열심히 읽은 신 내린 바리스타 포스의 진상 손님이 나의 커피를 작정하고 비난하려는 건 아닐까?

카페에 가까이 오자 선글라스를 낀 두 명의 외국인 남자 손님이 야외자리에 앉아 있는 것이 보였다. 한 명은 시원하게 머리를 밀었고, 뒤돌아 앉은 남자는 찰랑거리는 컬이 돋보이는 곱슬머리였다.

가게로 들어서려는 순간, 뒤돌아 있던 컬리헤어의 남자가 절묘한 타이밍으로 고개를 돌렸고 나와 눈이 마주쳤다.

'오 마이 갓! 까만 곱슬머리의 이 남자 이렇게 섹시해도 되는 겁니까?'

단지 하얀 반바지에 파란색 체크 셔츠를 걸쳤을 뿐인데, 여자들로 가득한 사무실에 생수 배달부의 근육질 남자가 등장하는 음료 CF가 자연스럽게 떠올랐다. 사촌동생이 우쭐한 표정으로 나를 맞이했다. 나는 얼른 주방으로 들어가 손을 씻고 서둘러 앞치마를 허리에 둘렀다.

뒤늦게 나타난 게으른 여주인의 인상을 만회해보고자 바리스타의 자세로 침착하게 에스프레소를 뽑아 카푸치노의 핵심인 우유거품을 최대한 부드럽고 실키하게 만들어 아이스 잔의 얼음 위에 탑을 쌓듯 살포시 얹었다. 우유, 에스프레스 더블샷, 우유거품이 3층으로 그라데이션된 아이스 카푸치노는 내가 봐도 먹음직스럽고 만족스러운 결과물이었다.

오랫동안 기다린 아이스 카푸치노의 맛이 어떤지 (굳이) 물어보기 위해, 직접 들고 바깥으로 나갔다. 컬리헤어의 남자는 아이스 카푸치노가 마음에 들었는지 서빙을 하고 돌아서는 나를 향해 잔을 들어 보이며 살짝 웃었.

영화 메트릭스의 '네오'가 착용하는 것과 똑같은 디자인의 까만 고글 안에는 어떤 색깔의 눈빛이 숨겨져 있을까?

어느새 커피를 다 마시고 일어난 그들은 들고 온 악기 가방을 등에 메고 카페를 나섰다. 버스 정류장으로 향하는 그들 뒤로 푸른 옷을 입은 가로수들이 바람을 따라 춤을 추고 있다.

생활의 발견

★

사람들은 나에게 말을 않고 가만히 있어도 될 텐데 왜 굳이 가격을 밝히냐고 하지만, 나는 싼 가격에 건진 보물들을 자랑하고 싶어 매번 입이 근질거린다. 가게에 새로운 소품들이 생길 때마다 예리한 눈썰미로 알아보는 손님들과 마치 흥정이라도 하듯, 가격을 맞춰보라고 하면서 그들이 예상한 가격보다 훨씬 싸게 산 것을 으스대는 기분을 즐기는 것 외에 다른 이유는 없다. 요즘엔 사람들이 초반부터 너무 낮은 가격을 들이대는 통에 그 재미도 영 시들해졌다.

제리코 근처에 있는 '아름다운가게'는 내가 자주 애용하는 곳이다. 세 번 중에 한번은 성공하는 보물찾기 놀이는 그 재미가 제법 쏠쏠하다. 구석구석을 뒤져 발견한 물건을 들고 매장 구석에 혼자 서서 행복한 비명을 지르게 된다.

빈티지 페레가모 구두와 니나리치 사각 프레임의 선글라스를 구입했던 날은 종일 단골손님들 앞에서 패션쇼를 벌이기도 했다. 한 달 전에 구입한 브라질산 빨간색 빈티지 마호병은 산책길에 커피를 담아 딱 한 번 사용하고는 색감과 성능에 감탄하던 손님이 실수로 바닥에 떨어뜨려 깨뜨리는 바람에 안타깝게 운명을 달리하고야 말았다.

신기한 것은, 주워온 물건들이 하나같이 제리코와 끼워 맞춘 듯 잘 어울려서 마치 원래부터 이곳에 있었던 것처럼 자연스럽게 어우러진다는 것이다. 원래의 주인들이 이곳에서 빛을 내고 있는 소품들을 본다면 임자가 따로 있었다고 기뻐해줄까?

내가 유행을 안 타는 낡은 물건들에게 더 이끌리는 건, 누군가가 이미 오랜 시간 길들여놓은 걸 더 멋스럽게 여기는 나만의 고유한 취향일 수도 있겠다.
아, 물론 나에게 있어 새것이어서 즐거운 것들도 무수히 많다.
현재엔 없는 미래의 남자친구,
시든 꽃들을 버리고 화원에서 새롭게 들여오는 싱싱한 꽃들,
새롭게 이곳에 등장하는 손님들,
우연히 듣고 빠져버리는 세상의 다양한 음악들……
내 마음의 저장 창고에 여유가 있어 다행스러운 무수한 유기체들 말이다.

치킨버스

★

"커피맛이 왜 이래요?"
"네??? 뭐가 잘못되었나요······?"
"아니 너무 맛있잖아요!"
"하하하."

빨간색 배달통이 달린 오토바이에서 내린 중년의 남자가 헬멧을 벗으면서 가게 안으로 들어왔다. 배달맨의 등장에 나는 잠시 멍한 상태로 그를 응시하며 치킨 안 시켰다고 말하려는데, 그는 이미 이곳을 알고 있다는 듯, "드립커피 두 잔이요" 한다.
바리톤 음성의 그와 함께 온 여인은 제리코 오각형 코너 자리에 앉아 책장에서 스페인 여행기를 집어들었다. 사십대 중후반으로 보이는 집시 스타일의 여인은 시원시원한 이목구비와 성글게 솟아 있는 흰머리가 자연스럽고 멋스러웠다. 책 너머로 보이는 그녀의 파아란색 마스카라가 인상적이다.
자리에 앉아 커피를 마신 지 5분도 안 되어, 배달 전화가 왔는지 그는 다시 나가봐야 하나보다.
'토요일 대낮부터 누가 치킨으로 해장을 하는 걸까······.'
"배달하는 데 10분 돌아오는 데 10분 걸릴 거예요."
그는 이국적인 미모의 여인을 잠시 혼자 남겨두고 재빠르게 오토바이에 올랐다.

정확히 20분 뒤에 복귀한 남자는 신청곡으로 '웅산'의 'Yesterday'를 부탁하고 자리에 앉았다. 다음 배달을 위해 자리를 뜨기까지 30여 분간 그들은 흡사 끼워 맞춘 듯 그 자리에서 빛이 났고, 정답게 마주앉아 드립커피를 음미했다.

여인을 뒷자리에 태운 오토바이가 내 시야에서 사라진다. 그가 오토바이를 달리며 여인에게 불러주는 사랑의 세레나데는 참 근사할 것만 같다.

장항동에서 치킨 배달을 하는 중년의 신사에게 '치킨버스'라고 이름을 붙여주었다.

나는야 백마담

★

내 옷장엔 40여 벌의 원피스가 있다. 우리 집에 놀러 와서 옷장을 본 사람들은 두 번 놀란다. 원피스의 숫자에 한 번, 그리고 원피스 대부분이 꽃무늬라는 사실에 한 번 더 놀란다. 그 감탄사가 단순한 놀라움의 반응인지 경악스러움인지는 잘 모르겠다.

패션쇼라도 벌이듯 매일같이 다른 종류의 원피스를 바꿔 입고 출근하는 나를 두고, 어떤 이는 '이상한 나라의 드레스 처녀' 같다고도 했다. 동네 처자들은 날마다 바뀌는 나의 패션을 구경하는 것으로 무료함을 달래기도 하지만, 정작 그들은 무릎 나온 추리닝 바람으로 이곳을 찾는다. 이곳을 찾는 손님들이 간혹 나의 이름을 물어올 때면 나는 실명을 알려주는 대신에 "그냥 백마담이라고 부르세요"라고 대답한다.

'품격 있는 살롱을 지키는 우아한 마담 포스의 여주인'. 이것이 제리코에서 내가 추구하는 컨셉이다. 하지만 어디까지나 친하게 지내는 단골손님들 사이에서 불리고 싶은 애칭이었을 뿐이다. 내가 먼저 그렇게 불러달라고 하고 딴소리하는 것 같아 궁색하지만, 같은 건물의 중년 남자손님들까지도 백마담이라고 부르는 묘한 상황까지 예상했던 것은 아니었다.

지금은 스스로 떠벌리는 것을 자제하고 있지만, 단골손님들은 여전히 나를 백마담이라고 부른다.

제리코의 단골이 된 손님들이 나와 친해지고 난 후 한결같이 하는 말이 내 첫

인상이 차가워 보였다는 것이다. 카페 운영이 처음이라 긴장감으로 얼굴이 경직되는 것인데 손님들은 도도하고 새침한 여주인으로 나를 기억하나보다.

사실, 사람들이 나의 인상만 보고 예상하는 것처럼 내 성격은 그리 꼼꼼하지도 정확하지도 않다. 고백하건대 한때 나의 별명은 '동치미'였다. 알고 보면 허술해서 속을 쉽게 들키는 푼수 같은 여자라면서 오래전에 누가 나를 그렇게 불렀다. 그런 내 본래의 모습을 드러내지 않으려고 애쓰지만, 얼마 지나지 않아 사람들에게 금방 들키고 만다.

강단 있고 씩씩한 카페 여주인의 모습, 그리고 시간이 흐를수록 하나둘씩 손님들로 채워진 카페의 모습을 매일같이 마음속으로 그려본다.
나에게도 그때가 찾아와 줄까?

내 사랑 미니

★

미니는 잇몸에 언제 생겼는지 정확하지 않은 지름 2센티미터가 넘는 혹을 달고 있었다. 주변에서는 미니의 혹을 두고 우스꽝스럽고 불편해 보인다고 했지만, 열 살인 노령견에게 마취를 시키는 것이 불안해서 사는 데 큰 지장을 주지 않으면 혹을 그냥 두려고 했다.

그런데 최근 들어서 미니가 밥을 잘 먹지 못하는 것이 잇몸의 혹 때문인 것만 같아 수술을 시켜주게 되었다. 수술을 마치고 마취에서 깨어난 미니는 꼬박 24시간 동안 맥을 못 추고 힘들어하더니 며칠 지나지 않아 기운을 되찾았다. 진작에 수술을 시켜주지 않은 것이 후회될 정도로 전보다 밥도 잘 먹고 편안한 표정을 짓는다.

사연 있는 미니는 2년 전 돌아가신 아버지가 전적으로 도맡아 키우시던 개로 지금은 나와 동거 중이다.

이웃이었던 민지 아줌마가 아파트로 이사를 가면서 나에게 준 개인데, 우리 집에 올 당시 이미 강아지가 아닌 성견이었다. 아버지는 노환으로 귀가 잘 들리지 않는 순간부터 사람들과 멀리 떨어져서 혼자 시간을 보내는 일이 늘었는데 그때부터 아버지는 사람을 잘 따르는 미니와 교감을 시작하신 것 같다.

미니는 아버지 무릎 아래로 내려오는 법이 없었고, 아버지가 가는 곳이면 그곳이 어디든 늘 함께했다. 어려서부터 집에 개나 고양이가 끊이질 않았지만, 아버지가 개에게 이렇게 깊은 정을 주는 모습을 보는 것은 처음이었다. 그러다보니 가족들도 자연스럽게 빈 집을 지키던 '우리 집 개'에서 '아버지의 미니'로 인식하게 되었다.

아버지가 병원에 계실 때 미니까지 돌볼 마음의 여유가 없었는데 아버지가 돌아가신 뒤 정신을 차리고 보니 미니가 시름시름 앓고 있는 것이 보이기 시작했다. 처음엔 단순히 미니가 자신에게 전부인 아버지가 보이지 않는 것이 슬퍼서 잠시 입맛을 잃은 거라 여겼지만, 밤마다 기침을 하는 것이 심상치 않았다. 동물병원에 데려갔더니 미니는 심장사상충에 걸려 있었다. 병원에서는 이미 한참 진행이 되었다며 수술을 적극적으로 권유하지도 않았다.

미니도 곧 아버지를 따라 먼 길을 떠날 것만 같은 불안감이 밀려왔다. 가망성 없는 시도라도 해보고 싶어 심장사상충 치료를 시작했고, 6개월이라는 긴 치료 기간 동안 녀석은 정말 씩씩하게 잘 견뎌주었다.

그렇게 힘든 병마와 싸워 이겨낸 나의 미니에게 잇몸의 혹쯤이야!

카페를 하면서부터 독립 생활을 시작한 나에게 미니는 그냥 개가 아니라, 아버지가 남기고 떠나신 유산처럼 소중한 가족이다. 카페의 마스코트이기도 한 미니는 매일같이 나와 함께 걸어서 출근해서 종일 제리코를 지키고 있다.

참, 미니 때문에 인연을 맺은 동물병원 원장님 부부는 휴일 소풍길에 제리코에 들러 커피를 마시는 단골손님이 되었다.

제리코엔 미니의 똥장군-산보하면서 똥 뉘기-을 자처하는 손님들이 많다. 물론, 손님들이 재미삼아 시작한 일이었을 테지만 주인은 절대로 그 달콤한 호의를 거절하는 법 없이 그들의 산책길에 미니를 안겨준다.

혹을 떼어낸 미니는 이제 더 이상은 혓바닥을 내밀고 다니는 개로 오해를 받지 않는다. 그러나 안타깝게도 미니의 구강구조 특징인 뻐드렁니와 주걱턱은 바뀌지 않았고, 인상은 주인을 닮아 아주 조금 거칠다.

ⓒ박새연

Jericho Community

★

제리코를 오픈하고 계절이 한 번 바뀌었다.

이곳에도 어느덧 단골손님들이 조금씩 늘고 있다.

가게가 바쁠 때면 먼저 부탁한 것도 아닌데, 자연스럽게 자리에서 일어나 새로 들어온 손님들에게 메뉴판을 건넨다거나, 그들이 생각하는 제리코 추천 메뉴를 알려주기도 한다.

처음엔 제각기 다른 테이블에 앉았던 손님들이 이곳에서 마주치면 서로 눈인사를 나누고 한 테이블에 둘러앉아 자연스럽게 담소를 나눈다. 이 모습을 지켜보던 옆집 오뎅바 사장님은 제리코에 친구들의 방문이 끊이지 않는 줄로만 알았다가 그 실체가 진짜 손님들이라는 사실에 적잖이 놀란 눈치다.

한번 온 손님이 다시 이곳을 찾게 되는 경우, 그 방문 횟수가 늘어나면서 일부러라도 피하던 바 자리는 점차 지정석으로 늘어나고, 손님들은 나에게 말을 걸어오기 시작한다. 그 오묘한 패턴을 감지하게 될 때는 손님이 바 자리에 앉기 시작하는 시점이고, 그때서야 나도 기꺼이 단골손님을 맞이할 마음의 준비를 하게 되는 것이다.

언젠가 바 자리에 턱을 괴고 나란히 앉은 단골손님 1, 2, 3은 내가 저녁식사를 준비하는 것을 보더니 "백마담이 지금 먹고 있는 그거요. 우리도 그거 한번 해줘봐요"라고 요청을 해왔다.

그렇게 해서 이곳엔 메뉴에는 없는-백마담 니 마음대로 식의-주문 음식들이

하나둘씩 늘고 있다. 낮에 일하는 스태프 유미에게는 시킬 수 없는 이곳만의 시크릿 메뉴 말이다.

돌체가이

★

70세의 고령이라고는 믿어지지 않는 체격. 배우 같은 외모와 그에 걸맞는 근사한 패션. 10년도 훨씬 더 된 포르셰 선글라스는 그만의 고유한 액세서리. 한번 들으면 잊을 수 없는 성우 같은 목소리. 사업에 실패한 사람. 술 없이는 잠을 들 수 없는 사람. 친구와 가족으로부터 멀리 떨어져 나온 사람.

고전 음악감상실 '돌체'를 추억하는 사람. 그에게 유일한 휴식은 고전 음악을 듣는 순간이라고 했다. 하지만 그에게는 고장이 나 제대로 작동하지 않는 라디오가 전부이다. 무슨 사연인지 물어보지 않아 알 수는 없지만, 그는 근무 시간 외에는 거의 취해 있다.

20년 전 그의 시계는 이미 작동을 멈춰 버린 듯하다.

"에스프레소는 말이지. 보드카 마신 직후에 마시는 그 맛이 최고라구."
리필이 안 되는 3,500원짜리 에스프레소지만, 유일하게 리필을 요청할 수 있는 특별한 고객.
"듣고 싶은 곡들을 한 번에 세 곡씩만 리퀘스트해주세요."
이곳은 돌체만큼 아련한 추억의 장소도 못되지만, 스피커는 아직 멀쩡하답니다.
더블에스 빌딩에서 경비원으로 근무하는 돌체가이. 소리 높여 울려퍼진 '라비앙로즈'와 '문리버'가 끝이 나자 관객이 극장을 빠져나가듯 그는 조용히 문밖으로 사라졌다.

Wall Painting

★

벽화를 그리고 있는 이랑. 그녀의 셔츠 색감이 벽화 속의 빛바랜 소라색과 닮았다. 그림을 그리고, 글도 쓰고, 노래도 부르고 영화도 만드는 부지런한 아티스트 이랑은 내 사촌동생 알리스의 친구이다. 그녀를 소개받고 벽화 작업을 맡기기 위해 제리코에서 첫 만남을 가졌을 때, 나는 이랑에게 벽화 속에 그려질 이야기를 30분에 걸쳐 무작정 풀어냈다. 그리고 그녀는 나의 이야기를 토대로 상상력을 맘껏 동원해서 자유롭게 그려나가기로 컨셉을 잡았다.

벽화가 진행되는 과정을 눈앞에서 감상하는 일은 늘 설레이면서 즐거웠고 매번 다음 작업을 고대하게 만들었다. 원래의 계획은 벽화 전체에 색을 입혀주는 것이었지만, 판타지 새 도도와 하늘, 제리코 거리에 위치한 카페 제리코에 색을 입혀주고 나니, 이대로도 좋겠다 싶어 모든 작업을 마무리 짓기로 결정했다. 벽화가 완벽한 컬러링으로 마무리되면 공간이 꽉 차 보일 텐데 나는 색채로 가득 채워진 그림이 숨 막힐 것 같았다.

'도대체 벽화는 언제 완성되는가요?' 라는 질문을 계속 듣게 되겠지만, 어차피 제리코 벽화 속 이야기는 내가 꿈꾸던 상상 속의 공간이 그 시작이었으니 나머지는 이곳을 찾는 사람들이 자연스럽게 어우러져 그림을 채워줄 것이다.

마지막 작업을 하러 온 이랑이 나에게 작은 선물을 주었다. 벽화 안에 그려진 카페 제리코의 간판 글씨를 내가 직접 쓸 수 있도록 허락한 것이다.

상상 속의 제리코는 끝이 보이지 않는 긴 골목의 중간에서 도서관과 베이커리를 이웃으로 두고 있다. 이랑의 고양이 '준이치'와 마주하고 있는 개는 나의 '미니'와 머리부터 발끝까지 꼭 닮아 있다.

색을 줄였는데도 생동감이 느껴지는 제리코의 벽화가 정말 마음에 든다.

한국어 교실

★

"지금 운항이에요. 미안해요. 빠리 가요."

얼마 전부터 나와 한국어 수업을 하고 있는 드류Drew가 수업 시작 10분 전에 문자를 보내왔다. 처음 메시지를 확인했을 땐 평소 농담을 좋아하는 드류가 제리코를 향해 걸어오면서 빠리로 운항 중이니 수업을 못 가서 미안하다는 뜻의 낭만적인 멘트를 날렸다고 생각했다. 하지만 한국어가 아직 서툰 그의 본뜻은 단순하게도 현재 은행에 있으니 이리로 빨리 오겠다는 의미였다.

한국어 수업은 제리코에서 우연한 기회에 시작하게 된 나의 취미다.

영어학원이 성업 중인 일산에는 외국인 영어강사들이 많이 살고, 그 때문인지 제리코에 외국인 손님들이 자주 드나든다. 한국어에 관심이 있는 외국인 손님들의 요청으로 시작한 일이었는데 어느덧 4명으로 숫자가 늘어났고, 주변에서는 월수입보다 더 벌어들이는 것 아니냐는 헛소문을 조장하는 분위기이다.

카페를 운영하면서 손님이 없는 빈 시간을 어떻게든 할애하고 싶었는데, 알맞은 일거리가 생긴 것은 다행이지만, 세상에 공짜로 얻는 것은 아무것도 없다고, 수업 준비를 위해서는 나도 공부를 해야만 한다.

나와 드류가 함께 수업을 하는 모습을 보고 자연스럽게 한국어 수업을 시작한 제이슨과 헬렌 제임스가 있는데, 이들 역시 제리코에 샌드위치를 먹으러 온 손님들이다.

영어강사로 일하는 외국인들 중에 한국어를 배우기를 원하는 이들은 생각보다 많지가 않다. 일을 하면서 만나게 되는 한국인들 대부분이 영어가 가능한 학원의 동료들이고, 1~2년 있으면서 굳이 한국어를 배울 필요성을 잘 느끼지 못하는 것이다. 우연의 일치인지는 몰라도 제리코를 찾는 외국인들 중에는 한국어와 한국 문화에 관심을 가진 이들이 꽤 있는 편이다.

모국어를 구사할 수 있다고 해서 쉽게 국어강사가 될 수 없듯이, 내가 가르칠 수 있는 한국어 또한 기초적인 수준밖에 안 되기 때문에 수업이 단기간에 종료되는 경우도 생긴다. 그들이 때가 되어 고국으로 돌아가게 되면 언어는 곧 잊혀지겠지만, 제리코에서의 시간만큼은 추억거리로 남게 되기를 바라며 오늘도 나는 '바른생활 청년 드류'를 기다리고 있다.

Jericho Flea Market

★

오늘은 한 달 전부터 손님들에게 요란하게 홍보해왔던 제리코의 첫 행사가 열린 날이다.

단골손님들과 함께 한가한 주말에 제리코 앞 보도블록에서 벼룩시장을 열기로 했는데, '아나바다' 정신에 입각한 이웃들 간의 친목 도모가 목적이라 대외적으로 거창하게 내세울 만한 것은 아무것도 없다. 제리코를 오가는 손님들과 함께 할 수 있는 정기적인 커뮤니티 활동이 뭐가 있을까 고민하다가 그 시작이 벼룩시장이면 자연스럽겠다 싶었다.

가장 먼저 나타난 코파카바나 부부는 구경꾼으로 참여했다가 혹 용기가 생기면 밀짚모자에 기타를 메고 나와 흥을 돋우겠노라 했는데, 약속한 대로 기타와 함께 등장했다.

사람들이 집 안 구석구석을 뒤져 챙겨 나온 살림살이들은 사놓고 입지 않는 옷과 중고도서부터 사은품으로 받은 어학기 세트, 크리스마스 파티용 접시, 항공 모형기, 회사 로고가 찍혀 있는 메모지와 볼펜꽂이, 200만 화소 디지털 카메라, 벽시계, 연예인 사진이 들어 있는 액자, 100원으로 살 수 있는 빈 용기까지…… 실로 다양한 품목들이 있었다.

박리다매의 힘이 크게 작용했는지 싼값에 내놓은 물건들 대부분 완판되었다. 내가 벼룩시장을 위해 야심차게 준비한 것은 백마담표 자두주스였다. 그 계획으로 자두를 50개나 준비했는데 맛을 본 이웃들이 날도 더운데 걸쭉한 주스를 누가 찾겠냐고 하는 바람에 고스란히 냉장고에 넣어버렸다.

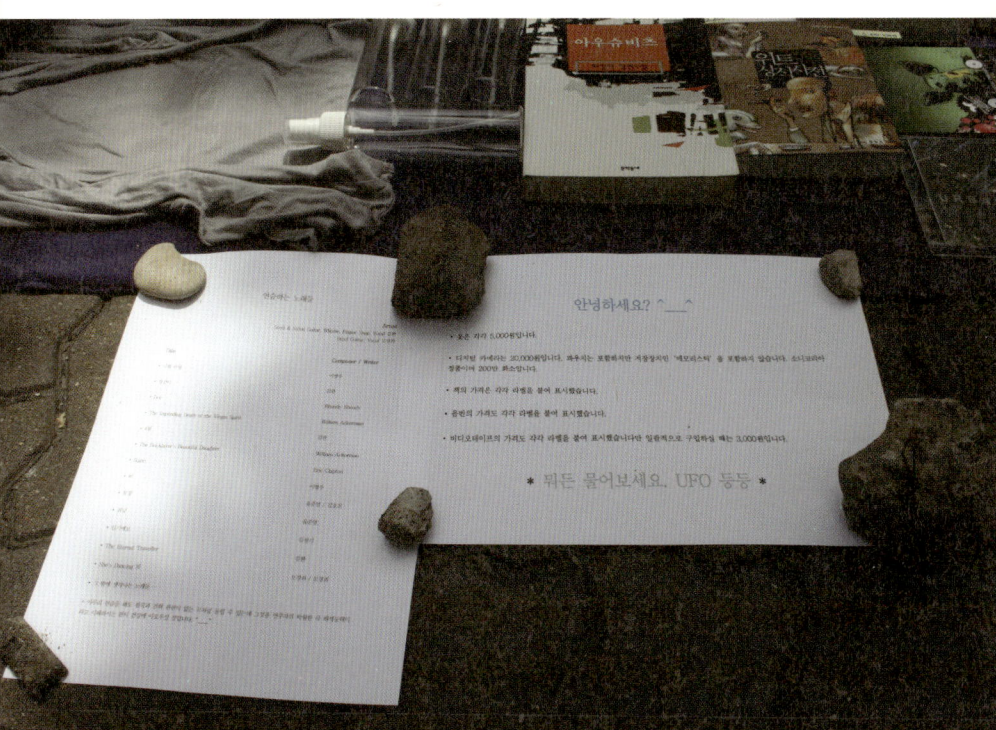

애마연경 양과 써니 양은 간의의자에 사이좋게 나란히 앉아, 한 번에 천 원 하는 네일 서비스를 개시했다. 두어 명 손님에게 시도하는가 싶더니 7월 땡볕 더위를 못 견디고 나와 함께 구경꾼에 합류했다. 코파카바나 부부의 기타 연주와 노래는 그럴듯하게 멋스러운 카페 풍경을 연출하는 데 일등공신이 되어주었고, 그들의 자작곡은 중독성이 강해 참여자들 일부는 노래를 그대로 따라 부르기도 했다.

행사 막바지가 되자 참여자들은 넉넉한 마음으로 가지고 나온 물건들을 서로서로 나누어 가졌고, 남은 물건들은 아름다운가게에 기증했다.

벼룩시장은 언제나 즐겁다. 물건을 파는 사람도, 물건을 흥정하는 사람도 모두가 즐거운 표정이다. 홍보 부족과 초복 삼계탕에 밀려 제리코의 첫 행사는 결국 우리들의 잔치로 끝나버렸지만, 가을에 열릴 두 번째 벼룩시장에는 다양하고 재미있는 아이템으로 많은 사람들이 참여했으면 좋겠다.

제리코의 스태프 유미에게 '추억의 뽑기'를 시켜볼까나?

벼룩시장을 위해 따로 현수막을 제작해도 좋을 것 같다. 제리코의 마스코트인 미니의 모습을 크게 넣어서 주차장 건너편에서도 볼 수 있게 말이다. 애견카페 광고 홍보물인 줄 알면 곤란한 일이지만, 그림이 궁금해서라도 사람들이 다가와주지 않을까.

계절이 바뀔 때마다 한 번씩 진행했던 제리코 벼룩시장 1~8회 풍경들

Toastman

★

쉴 틈을 주지 않고 퍼붓는 소나기에 굵은 빗방울들이 후두둑 둔탁한 소리를 내며 창문을 두드렸다. 카페 안에서 들리는 유일한 소음은 주방에서 채소를 다듬는 칼끝의 부딪힘뿐, 말소리 하나 내지 않고 비 내리는 창밖 풍경을 감상하는 손님 두 팀이 전부였다.

나른한 적막감을 깨고 카페 문이 열리며 한 중년의 남자가 우산을 털면서 들어왔다.

우산을 쓰고도 흠뻑 젖어버린 옷 탓인지, 남자는 신경이 곤두선 표정을 지으며 커피를 주문하고 앉았다. 커피를 서빙하고 주방으로 오는데 그가 나에게 토스트를 해줄 수 있냐고 물었다. 메뉴에도 없고, 가격을 정하기도 애매한 토스트를 내가야 할지 말지 고민하다가, 비를 피해 잠시 들른 어른이다 싶어 "어떻게 해드릴까요?"라고 물었다.

"기본으로요. 토스트 두 쪽이랑 버터도. 과일 잼이 있으면 좋겠는데……"

지난주에 재미삼아 만들어본 사과 잼이 생각나서 냉장고를 열었다.

"참, 토스트는 너무 태우지 말고, 빵 껍질은 잘라서. 아, 커피는 국물을 아주 연하게 해서 줘요."

이 역시 가게도 한가한데 그냥 군소리 없이 손님이 원하는 대로 "예예" 하고 장단을 맞췄다.

토스트를 서빙하고 돌아서려는데 남자의 희끗희끗한 머리카락 아래로 멋스러운 빈티지 프레임의 사각 안경테가 눈에 들어왔다. 주방으로 돌아와서 살짝 엿본 그의 옷차림은 평범한 중년남성의 일상복에서 한참 벗어난 세련된 감각이 곳곳에서 자연스럽게 묻어나왔다.

장항동에서 내가 자주 마주치는 중년 아저씨들의 캐주얼한 옷차림이란 대개 배바지 디자인의 짙은 색 청바지를 허리춤까지 올려 입고, 벨트는 일관성 있게 양복 전용 금장 벨트나 밴드형 벨트를 고수하지 않던가.

목 부분이 살짝 늘어난 데다 독특하게 워싱된 아르마니 면 티셔츠와 끝을 살짝 말아 올린 베이지색 팬츠는 구김이 자연스러웠고, 연예인이 유행시키기 이전에 산 듯 보이는 낡은 컨버스화는 티끌 하나 없이 깨끗하게 길이 잘 들어 있었다. 나는 어딘가 신경질적인 인상의 이 세련된 중년 남자가 어떤 직업을 가졌을까 궁금해졌다. 그는 책장에서 사진집 'Cuba'를 꺼내어 처음부터 끝까지 넘기다가, 비가 멈추자 기다렸다는 듯이 얼른 계산을 하고 나갔다.

그리고 며칠 뒤 비슷한 시간에 다시 나타났다.

또다시 토스트 세트와 커피를 주문하고는 지난번과 같은 곳에 자리를 잡은 뒤 책장으로 갔다. 한번 다녀간 손님이 다시 오는 경우를 두고 마냥 기쁘지만은 않은 이 묘한 기분은 뭘까. 그는 허여멀건한 국물 상태의 커피가 마음에 들었는지 리필을 요청했었다.

나는 지난번보다 조금 더 신경 써서 호텔식 룸서비스와 비슷한 모양새로 하얀 접시에 예쁘게 토스트를 담아 손님의 테이블로 가져갔다. 이번이 마지막이길 바라며 최후의 토스트 만찬을 준비하는 마음으로 말이다.

마지막은 개뿔. 그는 며칠 뒤 또 등장했다.

그날은 스태프 유미가 주방을 지키고 있다가, 처음 받는 주문에 어떻게 해야 할지 난감한 표정으로 내 쪽을 쳐다보았다.

"유미, 토스트 해드려. 빵 가장자리 잘라서 토스트 오븐에 넣고 2분만. 참, 커피는 밍밍한 국물커피로."

그는 바 자리에 앉아 내가 유미에게 내리는 주문을 듣고는 혼자 웃고 있었다. 오픈 주방과 붙어 있는 바 자리에 몸을 바짝 붙이고 앉아서 못 미더운 눈초리로 이것저것 지시를 하는 손님 때문에 유미는 긴장감으로 얼굴이 금세 굳어버렸다.

깐깐한 손님의 표정을 보고 있자니, 영화 '이보다 더 좋을 수 없다'의 잭 니콜슨이 떠올랐다. 카페에 개가 있다고 얼굴에 잔뜩 인상을 찡그리며 얼른 개를 치우라고 할 때면 특히나 더. 정작 미니는 자기 자리를 지키고 앉아 그에게 눈길조차 주지 않는데도 말이다. 개가 그렇게 싫은데도 불구하고 계속해서 제리코에 오는 이유가 과연 토스트 때문인지 궁금했다.

그는 주로 운동을 마치고 집으로 돌아가는 길에 들러서 토스트와 커피를 마시다가 간다. 또 가끔은 아침 출근길에 들러 차창으로 얼굴만 빼꼼히 내밀고는 클랙슨을 크게 한번, "아메리카노 한 잔 테이크 아웃"이라고 외치기도 한다.

나는 그를 토스트맨으로 부른다. 그에게 토스트맨보다 더 완벽한 이름이 어디 있겠는가.

토스트맨이 이곳을 드나든지 한 달쯤 지났을 무렵, 그렇게도 질색하고 타박의 대상이었던 나의 미니에게 그가 처음으로 손을 들어 인사를 하는 역사적인 사건이 일어났다.

"미니야 안녕?"

사실, 먼저 인사를 건넨 쪽은 나의 미니였다. 미니가 무거운 몸을 이끌고 토스트맨에게 먼저 다가가서 아는 척을 한 것이다. 그때 토스트맨의 반응은 거의 경기 수준이었고, 혼자 관람하기 꽤 아까운 광경이었다. 미니가 다가가자 이전에 개를 한 번도 만져본 적이 없는 사람처럼 의자 위로 다급하게 다리 한쪽이

올라갔다.

지금은 카페에 들어서자마자 미니부터 챙기는 토스트맨. 미니와 눈을 맞추고 온화한 미소를 짓게 될지 그 스스로 짐작이나 했을까?

그는 얼마 전 부터 야외자리에 손님들이 편하게 앉을 수 있도록 파티오를 설치해야 한다고 종용하고 있다. 그의 표정만 보면 마치 자비로 파티오를 설치해줄 것 같은 기세다. 하지만 토스트맨은 표현에는 인색해도 내심 제리코를 아끼는 손님이라는 것을 안다.

나중에 들어 알게 되었는데 꼼꼼한 건축가나 세무사일 것이라는 예상을 뒤엎고 토스트맨의 직업은 치과의사였다.

그는 젊은 시절 옷이 좋아 패션 디자이너 되고 싶었던 꿈에 관해서 이야기를 해주었다.

가끔씩 나의 고유한 빈티지 원피스 패션을 두고 태클을 걸어올 때면 나는 주로 못 들은 척한다.

별명이 무색하게도 토스트맨은 이제 더 이상 토스트를 주문하지 않는다. 고맙게도 앞으로 귀찮은 토스트는 주문하지 않겠다고 선언을 했기 때문이다. 하지만 볼 때마다 내가 하나님만 만나면 좋겠다고 아쉬워하는 부분은 너무 들어 귀가 따갑다.

제리코 스페셜 메뉴

★

더위가 찾아오고, 태양을 정면으로 마주한 제리코는 그야말로 찜통이다.

날씨가 더워지자 창가에 위치한 쇼케이스가 열을 받아 진열장에 넣어둔 과일들이 과하게 익은 나머지 상태가 좋지 않고, 중고로 구입한 냉장고의 상태는 더 말할 것도 없다. 이래서 중고물품을 구입할 때에는 신중을 기해야 한다는 교훈을 곱씹으며 한여름 더위와 매일같이 사투를 벌이고 있다.

단단한 아이스크림에 에스프레소 샷을 부어 스푼으로 떠먹는 메뉴인 아포가토 Affogatto는 아포가토가 봤다면 불명예로 울고 갈, 형체불명의 흐트러진 모습을 한 지 오래다. 제리코에서 처음 아포가토라는 메뉴를 맛보게 되었다는 한 손님은 신세계를 발견한 듯 기뻐했으나, 우연히 다른 카페에서 형체가 단단하게 살아 있는 아포가토를 맛보고는 나에게로 와서 어느 것이 진짜인지 물어보기도 했다.

더위를 식히기 위해 사온 수박이 어제는 분명히 싱싱했는데, 오늘 출근하고 보니 꽁꽁 얼어 있다. 냉장고의 성에 때문이었는지 냉장고가 그만 냉동고가 되어 버린 것이다. 버리기는 아깝고, 그냥 먹자니 이가 시려 분노가 차오르는 찰나, 생과일 주스를 만드는 블랜더의 시끄러운 진동 소리에 갑자기 아이디어가 떠올라 단숨에 조각 수박을 우유와 함께 믹서기에 갈았더니, 세상에나…… 둘도 없는 갈증 해소 음료가 탄생했다.

수박을 작고 네모나게 자른 후 통에 넣어 냉동고에 보관해두고, 더울 때마다
얼음 없이(씨째로) 넣고 갈아주기만 하면 더위 쌕 갈증 해소 음료 수박 슬러시가 완성된다.
냉장 수박을 갈게 되면 아무래도 얼음을 따로 넣게 되고, 맛은 싱거워지기 때문에
냉동고에 보관하는 것이 좋다. 이때의 주의사항은 얼음처럼 딱딱한 수박덩어리가
잘 갈리지 않기 때문에 우유를 조금 넣고 갈아주면 되는데, 맛은 한층 더 부드러워진다.
당도가 높은 수박은 다른 과일들과 비교해서 칼로리는 낮은 편이라 다이어트에도 좋고,
적게 마시는 물만으로는 부족한 수분 공급에도 효과만점이다.
사진 속 주연처럼 나온 조연은 구운 가지와 버섯을 듬뿍 넣은 샌드위치 되겠습니다.

내겐 조금 특별한 이름

★

제리코가 다른 카페들과 다른 점이 있다면, 그건 바로 Bill Paper에 관련된 비밀이라고 하겠다. 카페에서 테이블 번호가 적힌 Bill Paper에 매상을 기록하는 것이 일반적이라면, 나는 조금 독특한 방식을 고수하고 있다. 거창할 것은 하나 없지만 꽤 은밀히 진행하는 부분이기도 하다. '손님에게 별명 붙이기'가 그것인데, 이는 사람의 얼굴을 잘 기억하는 내가 혹 지루할지도 모를 앞날을 대비해서 오픈 첫날 고안해낸 나만의 놀이다.

때때로 성질 고약한 나보다 더 고약한 손님들을 향한 소극적인 응징의 용도로 쓰이기도 한다. 그러나 그 이름들은 결국 나에게 의미 있는 이름들이 되고 만다. 내가 자리를 비웠다가 다시 돌아왔을 때 누가 다녀갔는지 알 수 있도록 스태프에게 별명 붙이기를 지시하면, 이들은 마치 입을 맞춘 듯 신기할 만큼이나 일관된 이름들을 나열한다. New face, 외국인, 어른들(중년이라는 뜻으로 해석됨), 남자 셋, 수다녀, 조폭, 개무시(개를 무지 싫어한다는 의미) 등등으로 분류된다.

인류가 이렇게 다양성 없는 체계로 나눠진다면 세상은 참 재미없을 것 같다. 이미 이름을 들어서 알게 된 이에겐 별도로 별명이 없는 것이 당연하다. 별명은 이름을 모르는 고객들에게 주어진다. 한 번 다녀간 손님들이 두 번, 세 번 들르게 되었을 때 특징을 기억해놓았다가 별명을 짓는 것이다.

하지만 나에게도 의미 있는 이름 붙여주기에 분명한 원칙은 있는데, 휠체어를 타고 왔다고 해서 휠체어라고 기록하는 것은 아니라는 말이다.

언젠가부터 이제 제법 많은 손님들이 내가 특별한 이름으로 그들을 기록하고 있다는 것을 서서히 눈치채기 시작한 것 같다.

사랑방 손님들끼리는 이미 내가 그들을 부르는 별명으로 서로가 서로를 부르고 있었는데, 소문의 근원지가 제리코일 것이 뻔한데 누구로부터 새어나갔는지 확인하는 것도 우스운 일이다. 자유롭고 소박했던 내 창작 세계에 태클이 들어오다니 이렇게 되면 정말 불리해진다.

며칠 전에는 한 여자 손님이 계산을 하고 나가려다 말고 머뭇거리며 본인이 어떤 이름으로 기록되고 있는지 궁금하다는 속이 뜨끔한 질문을 했다. 그렇다. 그녀에게는 아직, 특별한 별명을 붙일 사연이 없었다.

그래도 어떤 식으로든 기록은 하고 넘어가는 내가 급한 마음에 그녀를 '동갑녀'라고 기록하고 있었다고 솔직히 말해주기는 좀 난감한 일이었다. 이미 누군가에게 들어 알고 있다면, 조금은 특별하고 재미있는 별명을 기대했을 수도 있고, 그게 아니라 하더라도 별명이 존재하는 자체만으로 기분이 나쁠 수 있었다.

카운터 자리의 내 옆에 나란히 서 있던 동갑녀의 시선은 자연스럽게 Bill Paper로 향했고, 나의 무안한 손가락은 본능적으로 종이의 윗부분을 덮고 있었지만, 결국 그녀는 그것을 보고야 말았다. 나는 잠시 머뭇거리다가 포기하는 심정으로 "아, 저번에 저와 동갑이라고 말씀하셔서······"라고 말했다.

그녀는 "아······ 그래요"라고 하는데 어딘가 모르게 실망한 기색이 역력했다. 앞으로 이 손님과 친해지면 모를까 그게 아니라면, 이번 일로 마음이 상해 다시는 이곳에 나타나지 않거나 동네에 소문이라도 날까봐 은근히 걱정되었다.

그러나 다행히 '동갑녀'는 그 일이 있은 뒤로도 꾸준히 이곳을 찾고 있다. 하지만 그것을 계기로 동갑녀에게 다른 별명이 생긴 것은 아니다. 대신 나는 그녀의 이름을 물어보게 되었고, 그 이후로는 예쁜 이름으로 그녀를 기록하고 있다.

얼마 전부터 제리코의 단골이 된 손님이 있는데, 오늘 그 손님이 여러 권의 책들을 들고 와서 이곳에 기증을 해주었다. 출판사에서 일하는 그녀는 파본들이 쉽게 버려지는 것이 아깝다고 했고, 나는 읽기에 전혀 문제가 없는 귀중한 책들을 기증받게 되어 한없이 기쁘다.
나는 책을 펼쳐서 그녀에게 기증의 흔적을 남겨달라고 부탁했다. 그리고 제리코의 단골이 된 눈동자가 크고 또렷한 미인에게 별명을 붙여주었다.
'독서왕 아로미.'

제리코의 책장에서 아로미의 책들이 반짝반짝 빛이 난다.

마감녀의 비애

★

제리코의 VIP 고객인 이모 양과 박모 양은 요근래 들어 유달리 끈끈한 동지애를 나누는 듯 보인다.
아…… 이 애처로운 마감 인생들이여……
마감 때가 임박해지면 각각 어찌나 처량하신지. 그들의 마감 전후는 전쟁을 방불케 한다. 옆에서 지켜보는 나로서는 마음이 짠해지는 한편, 유리 상자 속에 갇혀 사는 제리코 인생도 나쁘지 않다고 스스로를 다독이게 된다.
제리코에 거의 출근하다시피 하는 장항동의 대표 마감녀인 두 여인은 절대로 빈손으로 카페에 등장하는 법이 없다. 한 손엔 각각 노트북과 스케치 노트, 그리고 다른 한 손엔 피터지게 작업하다가 잠시 쉴 때를 대비해 소설이나 만화책과 같은 읽을거리나 일용할 간식을 싸들고 온다.
그리고 대부분은 이곳에 온 주 목적과 상관없이 일거리가 아닌 놀거리에만 집중하다가 돌아가는 경우가 허다하다.
애써 무겁게 들고 온 노트북은 빵빵하게 충전만 하다 다시 들고 가고, 원래의 의도와는 상관없이 제리코의 마스코트 애견 미니가 스케치 노트의 주인공이 되기도 한다.
마감일이 임박해져 오고, 두 마감녀들의 불안감이 최고조에 이를 때 그들의 나태함은 극에 달한다. 카페 안에서 일감이 아닌 수학능력평가 시험지를 풀고 있다거나, 평소에는 고요한 박모 양의 블로그가 갑작스럽게 폭풍 업데이트되어 있다거나, 어느 날 느닷없이 쿠키를 구워온다면?

100%다. 그건 박모 양이 마감을 하루 앞두고 있음을 의미한다.

일본 애니메이션 번역 일을 하는 마감녀 이모 양은 몇 주에 하루이틀씩 제리코에 뜸할 때가 있는데 안 오는 것이 아니라 밖으로 못 나오는 것이다.

그 딱한 사정을 나중에 듣고 나는 '풉' 하고 웃음이 터지고야 말았다.

번역을 마치고 빠뜨릴 수 없는 과제는 TV 모니터를 보면서 볼륨은 최대한 높인 후 주인공들의 입 모양에 맞추어 대사를 더빙해 대본이 잘 번역되었는지 호흡을 확인하는 일이란다. 그런데 그녀가 번역하는 장르는 영화나 드라마가 아닌 어린이 만화였다.

1인 다역으로 주인공도 했다가 악역도 했다가 각각의 캐릭터에 맞춰서 성우처럼 연기하는 것을 상상하면 피카츄나 드래곤볼이 생각나 뒤돌아서서 혼자 낄낄거리게 된다.

이모 양의 옆집에서는 그녀의 고상한 취향을 두고 뭐라고 생각할까?

다행인지 불행인지 두 사람의 마감 일이 각각 달라서 매주 이들의 마감 증후군의 시기도 다른데, 제출할 원고나 작품이 없는 나로서는 일종의 우쭐한 마음으로 마감에 임박한 그들의 어깨를 번갈아가면서 토닥거려주는 일에도 익숙해졌다.

땅이 꺼질 듯한 한숨과 턱까지 내려온 다크서클에도 불구하고 이 여인네들이 가끔 부러울 때도 있다. 마감에서 벗어난 며칠 동안 세상에 남부러울 것 하나 없다는 식의 여유를 보일 때 말이다. (그래봤자 며칠 가지 않아 더욱 깊이 패인 주름을 이마에 새기고 제리코를 찾게 되지만.)

마감 인생 여인네 둘과 나 백마담의 공생관계는 돌아가며 서로를 위로해주는 것을 시작으로, 서로의 처참한 상황을 보며 때로는 스스로 위안을 삼기도 하는 것이다. 게다가 아무런 죄의식 없이 야식을 탐하기도 하는데, 최악은 셋 중 누구도 개선의 의지란 없다는 것.

생전 만화책에 취미가 없던 나는 어느덧 그들의 고유한 문화생활에 동참해 함께 만화책을 읽기 시작했다. 한여름 만화책과 함께하는 야식과 아이스크림의 세계에 발을 들이고 만 것이다. 며칠 전엔, 급기야 제리코에서 나의 보금자리로 자리를 옮겨 밤을 지새워가며 만화삼매경에 빠졌다.

나 혼자 주장해서 얻어낸 성과는 대여할 만화책 리스트에 '아르미안의 네 딸들'을 포함시킨 것이다. 예전의 기억으로는 모두 쭉쭉 뻗은 팔등신 미남미녀들에게서 눈을 뗄 수 없었는데, 다 자라서 보니 그 감흥은 예전만큼 못하지만, 그들의 난해한 작품 선택에 언제나 궁시렁거리느니 차라리 고전만화를 보는 것이 나로서는 더 즐겁고 애틋하다.

하지만, 마감녀들의 열의를 쫓아가기엔 내 만화 세계의 식견이 좁아 셋이 함께하는 만화책 모임의 참여 의지는 이 여름이 지나기 전에 사그라들 것 같다.

한여름 밤의 소박한 연주회

★

제임스와 나는 한참동안 들떠 있었다.
일찌감치 카페를 마감하고 전면창의 블라인드를 모두 내린 뒤, 제임스를 초대했다. 그가 연주하는 바이올린 선율이 제리코의 높은 천장을 뚫고, 인적이 드문 장항동 밤거리에 잔잔히 퍼져나갔다. 오랜만에 바이올린을 켜는 그의 손이 긴장감으로 미세하게 떨리는 것이 느껴졌다.
연주곡이 끝나자, 나는 내 무릎 위에 앉힌 미니의 두 발로 열심히 손뼉을 쳤다. 관객은 미니와 나란히 앉아서 호들갑을 떤 나 혼자가 전부였지만, 연주자만 상관없다면 이대로 몇 곡 더 신청해서 1인 관객의 감동을 마음껏 누려보고 싶었다.

제임스는 부모님 세대부터 미국으로 이민을 떠나 살고 있는 교포 2세인데 대학에서 바이올린을 전공했다가 사고로 손가락을 다친 이후엔 공식적인 무대에서 바이올린을 연주한 적은 없다고 했다.
제리코에서의 작은 무대가 그가 희망을 버리지 않고 계속 전진해 나가기를 기원하는 것임을 내세우지는 않았지만, 관객의 입장에서 연주회에 참여할 수 있다고 생각하니 이 또한 영광이다. 예정보다 한 달이나 이르게 파티오를 설치한 이유도 여기에 있었다.

더위는 한풀 꺾인 듯한데 사람들은 여전히 덥다고 한다. 스무 명만 들어앉아도 꽉 차는 제리코에서 한 여름 밤에 클래식 공연을 진행한다는 것이 과연 가능한 일인지 사실, 상상만으로도 진땀이 흐른다.

얼마나 많은 관객들이 찾아와서 함께 공연을 즐겨줄까? 사람들의 감동받은 표정이 그려져서 나는 벌써부터 설레고 기쁘다. 마치 소풍을 앞두고 내일을 기다리는 소녀의 마음처럼.

Before Sunset

★

추석연휴가 시작되자 직장인들로 넘쳐나던 장항동에도 짧은 휴식기가 찾아왔다. 카페도 덩달아 한가해졌고, 갈 곳이 없어 방황하던 외국인 손님들 몇몇과 동네에 남은 싱글족들만이 간간이 얼굴을 내비쳤다.
그리고 오늘은 어제보다도 더 한가한 하루의 연속이다.
그때 정적을 깨고 카페 전화가 울려댔다.
"Hello there, It's me. Chaiah."
나는 하마터면 들고 있던 수화기를 놓칠 뻔했다. 그도 그럴 것이 차이아가 누군지 설명하려면 나는 오늘밤을 지새워야 할지도 모른다. 왜냐하면 그는 내가 몇 년 전 이탈리아를 여행했을 때 영화 'Before Sunrise' 처럼 기차에서 우연히 만나 다섯 시간을 동행했던 남자이기 때문이다.
"안녕, 이게 몇 년 만이야. 반가워. 우리가 전화통화하는 거 이번이 처음인 것 같은데…… 맞지?"
"응, 아마도. 내가 지금 어디에 있냐면……"
곧이어 전화기에서는 흥분된 어조의 익숙한 목소리가 흘러나왔다.
"네 싱가포르 남자친구가…… 네 싱가포르 남자친구가…… 네 싱가포르 남자친구가……"
내 귀는 마치 진공의 상태가 된 듯 엄마의 음성이 웅웅거림으로 반복해서 들리기 시작했다. 그러니까 차이아는 그가 살고 있는 싱가포르가 아니라 대한민국의 우리 집에서 그것도 엄마와 나란히 서서 나와 통화를 하고 있는 것이 분명했다.

"엄마. 그 친구 계속 붙잡고 있지 말고 여기로 지금 당장 보내줘요. 아셨죠?"

지금 나는 제리코로 곧 들이닥칠 과거의 시간에서 튀어나온 한 남자를 기다리고 있는 중이다. 조금 전 엄마는 나에게 다시 전화를 걸어 차이아와 함께 온 한국 사람에게 길 설명을 친절하게 잘해주었노라 거듭 강조하고 끊으셨고, 집에서 카페까지 차로 고작 10분 거리인데 20분이 지난 지금까지도 그는 감감 무소식이다.

나는 정신을 차리기 위해 짧은 심호흡을 몇 번이나 하고는 좁은 카페 안을 이리저리 서성거렸다.

최면에 걸린 기분이란 이런 것일까?

내 시야엔 4년 전 스물아홉의 내가 혼자 여행하던 로마의 풍경이 펼쳐지기 시작했다.

"안녕, 내 이름은 차이아야. 싱가포르에서 왔어."

나는 그가 싱가포르에서 왔다고 스스로를 소개하는데 한 번도 들어본 적이 없는 독특한 이름의 이방인에게 왠지 모를 친근함을 느꼈다. 차이아를 기차에서 본 이후 우연히 거리에서 또 마주쳤을 때 그가 나에게로 와 그렇게 말을 걸었다. 몇 년 전 계약직으로 1년 가까이 살다 온 습하고 좁은 섬나라 싱가포르. 오래 살았더라면 지루했을지도 모르지만, 회사 생활로 몸은 정신없이 바빴어도 정신만은 온전히 쉬게 해준 오아시스 같던 그 도시를 그리워하지 않을 이유가 없었던 것이다.

이제 막 여행을 시작하려는 나와, 곧 있으면 프랑스로 떠나는 그가 우연히 나폴리에서 출발한 기차에서 만나 로마를 기점으로 이렇게 카페에 마주 앉아 있다.

대화를 나누는 내내 그가 구사하는 투박하고 정감 있는 싱가포르식 영어인 일명 '싱글리쉬'를 들으니 싱가포르를 향한 향수가 몽글몽글 피어올랐다.
철학자의 근엄한 표정과 말투로 농담을 하는 공대 졸업생인 차이아와 끝도 없이 이어지는 이야기로 저녁 시간을 훌쩍 보내고 나니, 이제 곧 있으면 그가 프랑스로 향하는 기차를 타야 하는 시간이 되었다.
"나는 베네치아와 로마를 여행했고 조금 뒤에 다시 기차를 타야만 해. 그렇지만 말이야. 만약에 너와 함께라면 프랑스를 포기하고 다시 로마와 베네치아를 여행하는 것도 괜찮을 것 같아서……"
당혹스러웠다.
내 인생에서 이렇게 확신에 찬 눈빛으로 낭만적인 대시를 한 남자가 단 한 명이라도 있었던가? 짧은 시간이었지만 대화는 즐거웠고 시간은 물 흐르듯 지나갔다. 그렇지만……
차이아는 주저주저하는 잠깐 동안 내 생각을 다 읽은 듯 실망한 표정으로 뒤돌아섰고, 나는 시야에서 저만치 사라져가는 그의 뒷모습을 잠시 지켜보다가 내 방으로 올라갔다. 그게 끝이었다. 그리고 다음 날부터 4일 동안 혼자 찾아간 분수대와 스페인 광장에서도, 그 아름다웠던 베네치아의 석양 앞에서도 나는 한없이 지루했다. 원래부터 혼자였고, 잠시 시간을 같이했을 뿐인데 덩그러니 혼자 남겨진 것 같은 이상한 기분이 남은 여행 동안 따라다녔다.

그 후 4년이 흘렀고 지금 내 눈앞에는 그때 로마에서 떠나보냈던 차이아가 서 있다.
동시에 인사를 건네는 바람에 두 사람 사이에 잠시 어색한 침묵이 이어졌다. 이 기막힌 상황 속에서 나는 하얀 도화지 상태가 되었다. 게다가 이곳은 로마도 아니다.

"만약 집에 아무도 없었으면 어떻게 하려고 했어?"
"그냥 내 운이 거기까지라고 생각하고 돌아갔겠지? 한국으로 출장이 잡혔을 때 너를 한번 찾아보고 싶었거든. 한국지사 직원이 내가 길을 헤맬까봐 날 데려다줬지만, 혼자 힘으로 찾고 싶었어."
그는 여전히 모험가다웠다. 수트를 차려입은 모험가라는 것이 달라졌을 뿐.
"초인종을 누르고 어머니가 조카를 안고 밖으로 나오셨는데 너와 닮아서 네가 결혼한 줄 알았어."
우리 집을 찾느라 그리고 제리코까지 오느라 너무 오랜 시간을 소비한 차이아와 회사 동료는 카페에 앉지도 못하고 바로 회사로 돌아가야만 했다. 만난 지 10분 만에 작별이라니. 하지만 그를 전처럼 보내고 싶지는 않았다.
"언제 돌아가? 내일 다시 이곳으로 와줄 수 있어?"
"응. 그 다음 날 싱가포르로 돌아가야 하거든. 이번에 내가 혼자 길을 잘 찾을 수 있는지 봐봐."

'두 사람이 함께였다면 여행이 더 즐거웠을까?'
3년 전 로마에서 그와 헤어진 후 여행 내내 나를 붙잡았던 궁금증이 지금에서야 풀린 것 같다. 그때 나는 그를 놓친 것이 아니라 내 마음이 이끄는 대로 행동을 한 것임을……
베네치아를 여행한 기억 속에 아쉽게도 나는 혼자지만, 로마를 떠올리면 가장 먼저 떠오르는 얼굴이 있어 이탈리아의 기억이 더 이상 허전하지가 않다.
제리코에서 그와 재회하리라고는 상상조차 해본 적이 없었던 것처럼, 인생은 이렇게 문득문득 예측불허의 즐거움을 안겨준다. 그리고 이 뜻밖의 재회 장면은 즐거운 추억으로 내 마음속에 남아 오랫동안 간직되겠지.

ⓒ김화경

가을이 내게 가져다준 것

★

어제는 카페 제리코가 6개월 되는 날이었고, 예상하지 못했던 방문객들의 축하가 이어졌다.
저녁이 되자 사랑방 손님들이 하나둘씩 가게 안으로 들어왔다.
토스트맨은 제일 먼저 등장해서 제리코 6개월을 기념하여 맥주 골든벨을 울리겠다고 호언했지만, 하필이면 가게 안은 텅 비어 있었다. 그는 대신 기념으로 미니의 치아 스케일링을 공짜로 해주겠다고 했다. 싱거운 농담이지만 기분만은 좋았다.
며칠 전에 있었던 셰를린의 공연에도 많은 손님들이 다녀갔다. 그날, 가게 안이 복잡해서 오도 가도 못한 나의 미니는 잠시 가출했다가 바로 무사귀환했다. 그렇게 한바탕 행사를 치르고 나니 오늘만은 'ME TIME'을 진정 원했지만 너무 간절해서였을까? 같은 건물의 만삭 임산부 손님이 다녀간 이후로는 오후 늦게까지 심하게 ME TIME이다.
출산을 한 달 앞둔 임산부는 오늘따라 표정이 유난히 어두웠다. 출산 휴가를 앞두고 새로 구한 여직원이 출근 이틀 만에 종적을 감추었기 때문이다.
그녀가 분개한 핵심적인 이유는 오늘 아침 직원으로부터 받은 통보성 문자 메시지 때문이 아니라, 직원 채용 첫날 기념 회식으로 평소에는 못 먹던 귀한 일등급 꽃등심까지 먹었다는 데 있었다. 분개의 소재로 전락한 꽃등심에게 심심한 위로를 보내주고 싶다.

ⓒ최원용

6개월이 어떻게 흘러갔는지 짐작조차 할 수 없을 만큼 시간은 빠르게 지나갔고, 어느새 가을이다.

오픈 때만 해도 레이어드 커트 단발이었던 내 헤어스타일도 변화가 생겨 지금은 찰랑거리는 롱 웨이브 스타일이 되었다.

나는 요즘 들어 부쩍, 엉덩이를 길게 빼고 테이블에 엎드린 채 창밖을 바라보는 일이 늘었다. 오후에는 제리코 가든에 앉아 푸른 잎인 채로 여름의 빛깔을 띠고 있는 이상한 가로수를 바라보며 불현듯 쓸쓸함을 느꼈다.

그렇게도 기다려 온 가을이 오자마자 이렇게 김 빠진 맥주 꼴이라니……

가을이 남자의 계절이라고 누가 말했던가!

어딜 가나 No way out 신세인 백마담. 이렇게 연애 한번 못해보고 가을을 보내게 되는 것은 아닐까.

ⓒ공유희

A Good Neighbor

★

퇴근길에 이따금씩 동네를 어슬렁거리며 미니와 함께 밤마실을 나간다. 장항동의 즐비한 술집들을 거쳐 마지막으로 나의 발걸음이 멈추는 곳은 카페에서 걸어서 10분 거리에 있는 앤티크 숍.

술집과 식당 사이에 생뚱맞게 위치한 그 앤티크 숍은 천장이 높고 복도가 긴 독특한 구조로 되어 있고, 늦은 시간까지 가게 안의 샹들리에와 스탠드 조명들이 모두 켜져 있다.

어떤 날은, 주인인 듯 보이는 까맣고 긴 생머리를 하나로 묶은 중년의 여인이 피아노를 연주하는 모습도 볼 수 있는데 문이 닫혀 있어서 소리는 들을 수 없었지만, 그녀의 독특한 아우라와 어울리는 베토벤의 소나타나 쇼팽의 야상곡이 연상되면서 머릿속의 음표들이 신나게 춤을 추는 것이다.

호기심에 문을 열고 싶은 충동이 생겼지만, 갑자기 들어가면 연주를 멈출까봐 들어가지도 못하고 밖에서 구경만 해서 정작 무슨 곡을 연주하는지 알 길이 없었다.

다른 날 산책하면서 본 앤티크 숍 여주인은 오래 앉아 있기도 힘들어 보이는 좁고 딱딱한 나무의자에 앉아 노트북 사이즈보다도 작은 빈티지 흑백 TV를 보고 있었는데, 과연 TV 속 인물들이 구분이나 가는지 그 성능이 의심스러워 보일 만큼 작은 크기의 TV였다.

술에 취해 비틀거리는 취객들 외에는 행인이 드문 거리에서 자정이 넘어서까지 가게를 지키고 있는 특별한 이유가 있는지 궁금했다.

그러던 어느 날 나처럼 몇 번 그곳을 지나다가 피아노 소리에 걸음을 멈추고 바깥에 서서 연주를 감상한 적이 있었다는 이웃을 만났다. 하지만 그 이웃의 연주 감상평은 애석하게도 내 기대를 무너뜨리고야 말았다. 앤티크 숍 여주인이 연주하는 피아노의 선율은 쇼팽이나 베토벤과는 거리가 먼 체르니 수준이었는데 그마저도 몇 번씩 틀려서 듣고 있다가 자신도 모르게 웃음이 새어나왔다고 한다.

뭐 영화를 상상하고, 혼자 분위기에 심취한 건 나였으니, 그 여인이 야밤에 체르니 연습곡을 치든 신라의 달밤을 치든 나와 무슨 상관이 있으랴.

자정을 넘겨서까지 문이 열려 있는 그 앤티크 숍의 낮 풍경이 궁금해 마음먹고 대낮에 그곳을 찾아간 적이 있다.

인테리어 장식은 따로 없고, 오로지 판매하는 물건들로 꽉 채워져 있을 뿐인데 천장에 달려 있는 수십 가지 종류의 샹들리에 때문인지, 몇 해 전 프라하와 비엔나 여행길에서 보았던 허름한 앤티크 숍처럼 멋스럽고 이국적인 분위기가 풍겼다. 모든 것들은 조화롭게 채워져 있었고, 나는 케케묵은 세월의 흔적들과 그곳을 감싸는 공기가 좋았다.

그 이후로도 제리코에 장식할 소품을 사러 앤티크 숍을 드나들게 되면서 여주인의 드라마틱한 젊은 시절에 대해 들을 기회가 생겼다. 그녀의 전공은 바이올린, 스물셋에 짐을 싸서 프랑스로 유학을 떠난 뒤 유럽 이곳저곳을 옮겨 다니며 살다가 앤티크 물건들에 자연스럽게 관심을 가지게 되었고, 한국으로 와 앤티크 숍을 열게 되었다고 한다.

오늘 그 앤티크 숍의 여주인이 손님으로 제리코를 깜짝 방문했다.
"간판이 너무 작아 잘 보이지 않는데도 그게 그렇게 제 마음에 들고 예쁘네요."

ⓒ박세연

에스프레소 더블샷을 주문하고 자리에 앉은 그녀는 근황을 전하러 들렀다고 했다. 그 소식은 나에게도 반가운 것이었다. 이 동네에 정말 어울리지 않을 것만 같은 또다른 무엇, 바로 그 앤틱 숍이 같은 건물로 이전해서 곧 나의 이웃이 된다는 말씀이었다.

내 이웃이 될 앤티크 숍의 새로운 상호는 '샤콘느'라고 했다. 비가 올 때마다 볼륨을 높이고 듣는 바이올린 곡, 시작부터 말로 형용하기 힘든 비탄과 애수에 빠지게 만드는 그 비탈리의 샤콘느와 같은 이름이라니……

앤티크 숍 샤콘느는 비탈리의 비장함보다는 언뜻 스페인의 강렬한 무곡이 상상된다. 하지만, 여전히 궁금하다. 그녀가 앤티크 숍에서 연주하는 비탈리의 샤콘느는 과연 어떤 느낌일까?

프렌치 어쿠스틱

★

만약 다시 태어날 수 있다면, 나는 샤를로트 갱스부르의 비주얼에 카를라 브루니의 음성을 한 파리지앵으로 환생하고 싶다. 이탈리아 출신의 모델 카를라 브루니처럼 모델이 되고 싶은 꿈은 없지만, 샤를로트 갱스부르랑 동시대에 파리에서 태어나 프렌치 시크룩의 세련된 파리지앵으로 한번 살아보고는 싶다. 그런 돈 안 드는 공상이라면 종일토록 해도 시간은 끝내주게 흐를 것 같다.

식구 모두가 단골손님인 '산이네'가 오늘 제리코에 들러 나에게 음악 CD를 선물로 주고 갔다. 유러피안의 감성을 오래전부터 선호해왔던 나에게 카를라 브루니의 CD 선물은 황홀함 그 자체였다. 'Carla Bruni'의 1집과 2집.

그녀의 노래를 처음 접한 것은 3년 전, 여행으로 떠난 안목바닷가 앞 카페 '나 겸'이라는 곳에서였다. 어쿠스틱 기타 반주에 맞춰 흘러나오는 허스키한 음성은 따뜻한 햇살이 비추는 강가의 흐르는 물결처럼 잔잔하면서도 매혹적이어서 저절로 눈을 감게 만들었다. 곁에 누군가 있었다면 금방이라도 사랑에 빠질 것 같은 강렬한 매력의 소유자가 기타를 연주하면서 독특한 음색으로 부르는 노래들에 어찌 매료되지 않을 수 있겠는가! 산이 아빠께서 출장으로 떠난 칸. 그 낭만적인 공기가 묻어 있는 이 두 장의 음반으로 오늘 하루는 행복하다.

종일 그녀의 음악만 틀다가 나른한 이 느낌이 지겨운 어떤 이가 나에게 시비를 걸어오더라도 오늘만큼은 나도 어쩔 수 없다구요.

행자씨에게 축복을

★

제리코에 혼자 오는 싱글 손님들이 점차 늘어나고 있는데, 따로 세어볼 필요도 없이 대부분이 여자 손님들이다. 초기만 하더라도 남자 손님들의 숫자가 꽤 되었는데, 이렇게 남녀 성 비율이 맞지 않아서야…… 누가 보면 이곳에 훈남 바리스타라도 일하고 있는 줄 알겠지?

여자들의 성역이 되어버린 제리코에 유일하게 남성적인 것은 '제리코'라는 이름뿐이다. 현실이 이렇다보니 싱글 여인네들 다음으로 숫자가 많은 '커플'들에게 자연스럽게 관심이 간다.

이제 막 연애를 시작한 핑크빛 커플, 곧 헤어질 것 같은 위태로운 커플, 너무 편한 나머지 형제처럼 보이는 커플, 불륜 커플…… 이렇게 커플들을 나열하다보니 한도 끝도 없을 듯하다.

제리코에 따로따로 손님으로 왔던 싱글 남녀가 어느 날 함께 등장해 나를 놀래킨 일이 생각난다. 소개팅으로 만난 자리에서 이야기가 잘되자 자리를 옮겨 서로의 단골 카페로 안내했는데, 알고 보니 그곳이 제리코였다는 재미있는 우연이 만든 일이다. 하지만 제리코가 그들의 발전적인 관계에 한몫 거들었다고 뿌듯해하기도 전에 그 커플의 발걸음은 뜸해졌다. 두 사람을 이전부터 알고 있는 카페 여주인 때문에 마음이 불편해진 걸까?

비슷한 시기에 제리코를 찾았던 또다른 커플인 비키와 마크는 한국인인 비키가 곧 남편이 될 캐나다인 마크의 한국어 수업을 문의하기 위해 제리코를 찾은 것이 인연이었다.

첫 방문의 용무가 커피가 아닌 한국어라 커피집으로서 체면이 안 서기는 했지만, 가족에게 운전을 배우고 이혼 직전까지 갔던 어떤 커플이 생각나서 본인이 직접 가르치면 되지 않느냐는 한심한 질문은 하지 않았다. 경상도 출신의 무뚝뚝한 장인어른 앞에서 잘 보이고 싶은 역시나 무뚝뚝한 마크였지만, 어른스럽고 단단한 관계를 지속하는 연인을 보는 것은 나에게도 즐거움이었다.

며칠 전 비키가 청첩장을 들고 제리코를 방문했다. 결혼을 앞두고 결혼식 준비로 바빠 보이던 그녀에게 "행복하시죠?"라고 예의 차린 인사말을 넌지시 던졌다.

"It's the end of the world!"

그녀의 발언이 배부른 자의 허세같이 느껴져 내 한쪽 입술이 자동적으로 실룩거렸다.

두 사람의 결혼을 내 식대로 축하해주고 싶어 비키와 마크 커플을 초대해 소박한 식사를 대접했다. 그들이 돌아가고 난 후에 꺼내본 청첩장에 적혀 있던 비키의 본명은 '행자'였다. 이름 때문에 잠시 유치한 웃음이 터졌지만, 낮에 보험회사에 근무하는 아는 동생으로부터 선물 받은 '돈 걱정 없는 노후 30년'이라는 제목이 떠오르면서 금세 시무룩해졌다.

내게는 언제 있을지 모를 기약없는 결혼식을 나는 아주 구체적으로 노트에 묘사 중이다. 결혼식 하객리스트도 이미 정해졌고, 부케의 스타일까지 뽑아두었다. 이제 남자만 있으면 되는 이 지겨운 그림을 몇 년째 반복하고 있는지……

DN빌딩 202호

★

지나칠 때 서로 가볍게 눈인사만 나누던 같은 건물 2층의 와인회사 직원들이 있다. 그 회사의 대표가 제리코 가든에 와인 박스로 화단을 꾸민 걸 평소 눈여겨보았는지 어느 날 내게 와서 와인을 담는 박스가 더 필요한지 물었다.
돈을 받고 팔기도 하는 그 귀한 것을 공짜로 얻게 되어 기뻤는데, 오전에 출근했더니 제리코 앞에 무려 서른 개에 가까운 와인 박스가 쌓여 있었다. 신이 나서 동네방네 단골손님들에게 알려 필요한 만큼 가져가게 했다. 박스는 내려놓은 지 한 시간도 안 돼 순식간에 동이 나버렸다.
박스를 가져간 단골들이 무려 열한 팀.
와인회사 직원들은 예상치 못한 와인 박스의 인기에 몹시 놀란 듯 지나치면서 웃음을 보냈다. 꽃을 사기 위해 일주일에 한 번 들르는 호수로의 화원에서는 보답으로 소국 한 다발을 들고 나타났다.

책이 많아 더 이상 꽂을 자리가 없다 했던 마감녀에게 박스들은 여분의 책꽂이로 쓰이겠지? 여행길에서 틈틈이 장식인형들을 사다 모으는 달자네는 인형들에게 새 보금자리를 마련해줄 것이다. 뜨개방 옥여사님은 형형색색 예쁜 뜨개실들을 담아 전시할 공간 박스로, 산이네는 5살 산이의 눈높이만큼 탑을 쌓아 책을 읽을 수 있는 미니 테이블로…… 상자들은 각자 알맞은 용도로 쓰일 것이다.
내가 챙긴 3개의 박스들로 키가 자란 허브들을 분갈이 해주어야지.

내일은 2층 202호에 따뜻한 배달커피 한 잔씩 돌려야겠다.

DN 빌딩 202호 와인회사의 흐뭇한 기증

Autumn brings Us Joyumn

★

영어사전에도 검색이 안 되는 그의 이름은 조이엄Joyumn,
'염승식'이라는 친근한 본명의 이 20대의 남자 손님은 홍대에서 공연을 하는 인디 뮤지션이다. '싱어송 라이터'라고 자신을 소개했지만, 솔직히 한 번도 그의 노래를 들어본 적이 없었다. 'Joyumn'을 제대로 발음하기까지 시간이 걸렸지만, 그 독특한 어감이 마음에 들었다.
가을이 다가오자, 밖에서 혼자 분위기 잡고 커피를 마시고 있는 조이엄에게 다가가 제리코에서의 단독 공연에 대해 운을 떼었고, 그는 기쁘게 나의 제안을 받아들였다.

된장 냄새 나게 바쁘다는 가수 조이엄과 오늘 오후 어렵게 제리코에서 조우했다.
저질 데모 CD를 거부한 내 앞에서 그는 공연에 익숙한 자세로 편하게 앉아 그의 자작곡들을 한 곡씩 들려주었다.
그의 댄디한 안경테만큼이나 댄디한 까만 기타가 눈에 들어왔다.
왼손으로 익숙하게 뜯는 기타와 무심한 듯 툭 내뱉는 그의 음성이 건조한 가을바람과 묘하게 어울리는 것 같다.

파티오에 앉아 그가 작곡한 노래들을 들으면서 문득, 그룹 '어떤날'의 '오후만 있던 일요일'의 나른함이 느껴졌고, 이번 공연의 주인공에게 요청하고 싶은 곡목이 불현듯 떠올랐다.

백마담의 요청곡은 바로 'Danny Boy'다.

Candy Ronika

★

로니카Ronika는 한국에서 처음으로 사귄 한국인 친구가 나라고 했다. 그녀와는 제리코에서 매일같이 얼굴을 보고 있고, 주말이면 홍대 클럽을 가거나 일산의 유흥문화를 함께 탐방하는 사이가 되었다.
로니카를 만나기 전에 내가 마지막으로 클럽에 간 때가 언제였는지 기억이 가물가물할 만큼 평상시 내 모습과 많이 벗어나는 행동들이지만, 변화무쌍할 일이 없는 내 생활 패턴에서 그 정도의 일탈은 일종의 기분전환으로 허용하기로 했다.

이십대의 로니카와 함께 대화를 나눌 때는 마치 내가 시간여행자가 된 것 같은 착각이 든다.
평소엔 수줍음이 많은 로니카가 가장 돋보이는 때는 바로 카메라를 들고 서 있는 순간이다. 그녀의 블로그를 통해 접한 작품들은 사람의 기분이 치유되는 기분좋은 힘이 느껴졌다. 군더더기 없이 담백하면서도 유니크하고, 카메라 렌즈를 바라보는 사람들의 표정 또한 한결같이 편안한 시선들이었다.
사람들은 각자의 도구로 스스로를 표현하는 것 같다. 그 도구가 어떤 이에게는 직접적으로 표현하는 적극적인 언어일 수도 있고, 로니카의 경우엔 그녀의 사진 작품일 수도 있겠지? 그리고 그것들은 때로 언어보다 강렬한 진심과 호소력이 있다. 나에게도 나를 적절히 표현할 수 있는 도구가 있다면 좋겠지만, 불행히도 아직 찾지 못했다.

오늘은 특별히 그녀의 피사체가 된 백마담. 그녀의 영광스러운 제안에 'Walking Rainbow' 라는 새로운 별명에 부합하는 야단스런 옷차림을 하고서 아침부터 로니카를 기다렸다. 간밤에 모기에게 물려 오른쪽 눈두덩이 살짝 부어올라 있었지만, 약속을 물릴 수가 없어 하는 수 없이 그대로 가게로 나왔다. 그녀의 시선으로 담은 제리코와 백마담이 어떤 느낌일지 벌써부터 궁금한 찰나 언제 찍겠다는 신호도 없이 셔터 소리가 터졌다. 로니카는 그녀의 오래된 수동 카메라로 무방비 상태로 어색한 표정을 짓고 있는 나를 연속적으로 담아내고 있다.

피사체의 주인공은 나인데,
나를 마주하고 있는 그녀에게서 더 빛이 난다.

오늘 로니카는 내가 지금까지 본 모습들 중 최고로 매력적이다.

Let's be in the Limelight

★

우리는 어쩌면, 돌아갈 무대란 처음부터 없었다고.
원래부터 이미 정해져 있는 길을 가고 있노라고.
그렇게 너무 쉽게 단정해 버렸는지도 몰라요.
때로는 나도 영화 속 주인공처럼 폼나고 우아하게 나를 단장하고 싶고,
열광과 환호 속에서 노래하는 가수가 되어보고 싶고,
무대 위에서 모노 드라마를 하는 연극배우가 되어보고도 싶고,
잔잔한 음악을 배경으로 뜸들이며 목소리 가다듬고 시를 낭송하는 DJ가 되어보고도 싶어요.
화장실에서 혼자 흥얼거리던 그 흥얼거림을 모아 자작곡을 만들어보고도 싶고,
피리가 되었건 멜로디언이 되었건 끝까지 악기를 독주해보고도 싶어요.
무대만 있다면, 나를 위한 무대만 있다면……
객석에 단 한 명의 관객이라도 온전히 나를 위해 존재한다면……

11월 8일 당신만을 위한 무대가 제리코에서 열립니다.
소수정예의 100퍼센트 참여자로만 구성되는 낭송회의 밤.
그날만은 여러분 각자가 주인공이자 관객입니다.

앨리스 : 시 낭송과 모노드라마
발레리아 : 낭송과 노래 '인디언 이야기'(지금은 자연과 대화할 때)
아기곰 : 제리코를 테마로 한 그림일기 프레젠테이션
류한규 : 스물한 살 때 어머니가 산 시집을 그대로 간직해온 스물한 살 딸의 시 낭송
코파카바나 : 자작곡 기타 연주와 노래
영국동지 : 동물로 알아보는 심리 테스트
코끼리 : 자작시 낭송
헌몫음 : 1인 퍼포먼스
런던재즈 : 낭송회 촬영 담당

마라도나의 초상

★

외국인 손님들은 한국을 떠날 때 짐을 싸면서 집 안의 집기들은 팔거나 친구들에게 넘기더라도 제리코가 북카페인 이유에선지 책만은 이곳에 건네주고 간다. 책은 새 길을 향하는 사람들이 제리코에 의례적으로 남기고 떠나는 기분 좋은 기념품이 되었다.

섹시버블도 여느 외국인 손님들과 마찬가지로 책을 주고 떠났다. 하지만 하필이면 그의 기념품이 꼭 마라도나 일대기였어야 했는지, 나는 그 책을 볼 때마다 어이없는 웃음이 터지곤 한다.

내가 그것을 제리코의 책장에 꽂아두고, 생각이 날 때마다 얼굴을 떠올려주기를 바란 것마냥 우연치고는 기가 막히게 그는 젊은 시절의 마라도나와 닮은꼴이다.

섹시버블의 다양한 직업 중에 하나가 소방관이었다는 이야기를 얼핏 들었던 적이 있다. 인명 구조를 하고 불을 끄는 소방관과 그라운드를 힘차게 달리는 축구선수의 연관성을 생각하며 다시 한 번 마라도나의 얼굴을 들여다봤다.

섹시버블은 한국에서 영어 강사를 하다가 알게 된 친구 테드와 함께 록밴드를 결성했고, 테드는 기타, 그는 파워풀한 비트로 드럼을 연주하는 드러머로 활동했다.

밴드 이름은 잊어버렸지만, 그들은 부지런히 홍대의 라이브 클럽을 오가며 공연을 다녔던 것 같다. 나는 단골손님인 로니카를 졸라 그들이 공연을 했던 FF

라는 이름의 홍대 클럽에 간 적도 있다.

그가 떠나고 지금에서야 고백하는 이야기지만, 나는 섹시버블과 밖에서 두 번 데이트를 했다.

그는 카페에서 커피를 마시다가 마감 시간이 되면 커튼을 내려주고 야외자리 의자와 테이블같이 무거운 물건들을 정리하는 것을 종종 도와주었다. 한낮에 갑자기 창가의 블라인드가 떨어졌던 날 때마침 카페에서 카푸치노를 마시고 있던 그가 사다리에 직접 올라가 커튼을 달아주던 광경을 스태프인 유미와 나란히 서서 흐뭇하게 지켜보던 일이 떠오른다.

또 한 번은 늦은 시간 과하게 취한 중년의 남자가 지나가다가 카페로 들어와 괜한 시비를 걸었는데, 바로 그때 혜성처럼 그가 등장해 '내가 이 여자의 남자친구요'라는 식의 할리우드 액션으로 나를 구해준 적도 있었다. 수줍은 표정으로 말 한마디 없이 커피만 마시던 그가 그렇게 반전 드라마를 찍는 것을 지켜보던 기분은 꽤 짜릿했다.

영화 '캐러비안의 해적'을 보고 퇴근 후 바에 가서 맥주를 마신 것으로 두 번의 데이트는 종료되었지만, 지난 몇 달간 그가 제리코의 손님이어서 즐거웠다고 말하고 싶다. 카페의 단조로운 일상 속에서 비누 향기를 풍기며 다가오는 투박한 스타일의 섹시 가이를 단골손님으로 두는 기분은 마치 연애를 하는 듯한 설렘과 탄산수처럼 톡 쏘는 재미를 선사해 주었으니까.

그는 한국을 떠나던 날, 공항으로 향하기 전 제리코에 들러 마지막 샌드위치를 주문했다.

그리고 떠날 시간이 되어 가게를 나서려는데, 갑자기 폭우가 쏟아졌다. 한동안 내 시야에서 사라졌다가 떠나기 일주일 전에서야 나타나 작별인사를 전한 것

때문에 내 마음이 상했던 것인지, 나는 끝내 그에게 우산도 전해주지 않고 쌩하게 보내버렸다.

그가 떠난 뒤, '실은 내가 너 좀 관심 있어 했었다'는 짧은 메일을 한 통 보냈는데 답장은 받지 못했다. 좀 더 예쁜 모습으로 보내주었더라면 좋았을 텐데 쿨하지 못한 내 미련스런 행동이 마음에 걸렸고, 이미 떠난 뒤라 소용없는 일이었지만 그 순간 내 마음은 그렇게 하고 싶었던 모양이다.
낭만과는 거리가 좀 먼 기념품을 그가 주고 간 것이 조금은 서운하지만, 마라도나 일대기를 볼 때마다 유쾌한 기분으로 그를 기억할 수 있을 것 같아 한편으로는 고맙기도 하다.

뜨개질하는 여자

★

지난달부터 뜨개질을 시작했다.

내가 뜨개질을 시작하게 된 이유는 단순했다. 아름다운가게에 갔다가 크리스마스 장식에 쓰기 위해 털실뭉치를 사왔는데, 형형색색의 실들을 보고 있자니 기분이 좋아지면서 아름다운 완성품의 실체가 궁금해졌다.

요즘 나는 온통 뜨개질에 관심이 쏠려 있고, 그런 관점에서 세상의 여자들은 두 가지로 분류된다. 뜨개질을 할 줄 아는 여자와 뜨개질도 못해본 여자.

이참에 아예 제리코에서 시간을 정해 뜨개 클럽을 결성해도 좋겠다는 생각까지 발전했다. 아침이 오기까지 기다렸다가 뜨개방으로 뛰어가지 않아도 되니 이 얼마나 편리한 일인가.

그러나 뜨개질하는 여자들이 우아하게 음악 감상을 하면서 뜨개질에만 집중할 것이라는 나의 기대는 뜨개방에 간 첫날 처참하게 무너졌다. 다양한 세대들이 한곳에 모여 쏟아내는 가정사들은 '사랑과 전쟁'을 방불케 했고, 그것들을 모아 시리즈로 묶어도 될 정도였으니까 내 동호회 이야기는 그대로 패스하겠다. 어울리지도 않게 뜨개질에 집중하고 있는 백마담의 낯선 모습에 손님들도 차츰 익숙해질 무렵, 기적적으로 나의 바람이 이루어졌다.

"뭐야, 바구니 속 털실은 그냥 크리스마스 장식이라면서. 몰랐어? 나 뜨개방 하잖아."

단골손님 옥여사님은 알고 보니 근처에서 뜨개방을 운영하고 있었다.

새롭게 등장한 뜨개질 싸부님의 등장으로 내 새로운 취미가, 그 열정이 눈처럼 빨리 녹지 않기를……

첫눈

★

오늘은 써니 양과 둘이서 밤늦게까지 크리스마스 캐럴을 들으며 제리코에 크리스마스 장식을 했다. 조명틀에 금장식 월계관을 씌워주고, 빨간 천을 끊어다가 수선해서 크리스마스 테이블보를 만들었다. 추운 날씨 때문에 초록의 빛을 잃어가는 율마나무에도 형형색색의 오너먼트들을 장식해주었다.
어느덧 자정을 넘기고, 창밖엔 기다리던 첫눈이 내리기 시작했다.
써니 양이 먼저 눈을 보고 소리를 지르기 시작했고, 우리는 동시에 자리에서 일어나 박수를 쳤다. 그것이 크리스마스 장식을 완성한 뿌듯함 때문이었는지, 아니면 첫눈에 대한 낭만을 실현시켜준 최고의 타이밍 때문이었는지는 모르겠다. 서로가 먼저라고 할 것도 없이 잠시 눈시울이 붉어졌다.

크리스마스에는

★

친구.
크리스마스에는 함께 파티를 하자.
크리스마스이브에도 그리고 그 다음날에도.
하루하루를 축제를 여는 마음으로 크리스마스를 기다리자.
크리스마스가 지나고 나면 곧 허망해지고 말겠지만
크리스마스가 오기까지는 꿈을 꾸어도 되겠지. 맘껏.

안녕 겨울

★

요즘 한겨울도 아니라 이른 감은 있지만, 모처럼 옷장 속 늘 찬밥 신세였던 밍크코트를 꺼내 입고 출근했다. 동물 학대라고 저주를 퍼붓는 알리스에게 들키면 피곤하지만, 고등학교 졸업 이후 13년 만에 엄마가 선물해준 것을 난들 어찌하랴. 일 년에 겨우 한두 번 입을까 말까 한데 입기만 하면 운 나쁘게도 알리스에게 꼭 걸리고 만다.

제리코에서 홈메이드 스프를 개시했는데 첫 반응부터 아주 뜨겁다.
거리는 한산하고, 크리스마스 캐럴을 12월 첫날부터 틀어댔더니, 일주일도 안 돼서 질려버렸다. 새벽까지 속을 썩이던 뜨개질은 아무런 발전 없이 구석에서 외면당하고 있고, 전기스토브 옆에서 꼼짝도 않고 요령껏 자리를 바꿔가며 온 몸을 지지고 있는 나의 미니만이 가장 행복한 표정이다.

제리코에서 처음으로 맞는 겨울이다.
어차피 올 거라면 다정하게 맞이해 주어야지. 안녕 겨울.

핸드메이드 카드

★

올 겨울엔 제리코의 겨울 풍경을 사진으로 담아 크리스마스 카드를 손수 제작하기로 하고 카페 게시판에 카드를 받고 싶은 손님들의 신청을 받았다.
정감 없는 동시다발성 단체 문자의 홍수에 염증을 느꼈던 것인지 정성이 담긴 손글씨 카드를 그리워한 사람들의 숫자는 실로 엄청난 숫자였다.
크리스마스를 앞두고 사람들이 제리코로 먼저 보낸 크리스마스 카드들이 속속들이 도착했다.

얼마 만인가, 낭만적인 크리스마스를 고대하는 어린아이의 기분이란……
따뜻한 사람들의 마음이 각양각색의 카드들에서 고스란히 전해져 오는 것 같다.

Jonathan's wish

★

제리코 샌드위치와 브런치 마니아인 조나단. 그가 어김없이 샌드위치를 먹으러 오는 금요일이면 스태프 유나와 나는 그때서야 비로소 주말이 시작되는 것을 실감하곤 했다. 조나단은 기초 한국어를 꽤 잘 구사하는 편이고, 누구에게나 다정다감하고 섬세한 성격의 소유자로 그와 친해지기까지 채 하루도 걸리지 않았다.

한번은 그가 예약을 하고 10명이나 되는 친구들과 함께 브런치를 먹으러 왔다. 좁은 부엌에서 한꺼번에 10인분을 준비해야 하는 고충과 식어서 나가는 음식에 대해 걱정하는 나를 격려하며 그는 이렇게 말했다.

"앞으로 더 많은 사람들이 너의 음식을 먹으러 올 텐데 겨우 이 정도 가지고 긴장하면 나중에는 어떻게 할 거야. 다음에는 친구 12명을 데리고 올 거니까 마음 단단히 먹으라구."

제리코의 브런치가 입소문이 나게 된 이유는 조나단의 공이 크게 작용했다고 볼 수 있다. 주말 정오가 되면 그룹이 한꺼번에 다녀가는 바람에 주방이 초토화되었지만, 나의 음식을 사랑한다고 말해주는 그가 나는 한없이 고마웠다.

그와 다음 주 주말에 제리코에서 맥주 파티를 함께 진행하기로 했는데, 며칠 전 오후에 불쑥 나를 찾아와서는 갑작스럽게 월요일에 캐나다로 돌아가게 되었다고 말하는 것이다. 무슨 일이 있었던 것인지 영문을 몰라 어찌할 바를 모르고 있는 내게 그가 말했다.

"병원에 갔는데 내가 많이 아프대."

말없이 고개를 떨구고 있는 친구 앞에서 나는 아무것도 물어볼 수가 없었다.

"울고 싶으면 마음껏 울어도 돼."

며칠 뒤, 조나단이 친구와 함께 제리코를 찾았을 때 나는 그를 위해 무엇을 해줄 수 있을지 물었다.

"너의 브런치가 있잖아. 그거면 충분해."

'그래. 그를 위해 의미 있는 이름을 붙인 브런치를 준비하기로 하자……'
그래서 만들어진 브런치 모임의 이름은 'Jonathan's wish' 다.

조나단은 떠나기 전날 밤, 나에게 캐럴 CD와 쿠키 그리고 크리스마스 카드를 전해주기 위해 다시 제리코를 찾았다. 나는 부서진 못난이 쿠키를 보고 한참동안 웃다가 손을 내밀어 그의 두 손을 꼭 잡아주었다.

"매년마다 크리스마스 카드로 너를 만나러 올게."

건강해지면 반드시 한국으로 돌아오겠다는 조나단의 약속대로 나는 그의 안부를 궁금해할 것이다.
지리한 기다림이 되겠지만, 밝은 표정의 조나단을 꼭 다시 만나고 싶다.

몽상가들의 추억

★

한 달 내내 원 없이 들은 크리스마스 캐럴이 아니었다면, 12월 전부터 부지런히 준비한 크리스마스 장식이 아니었다면, 사탕 빛깔의 예쁜 털실들과 12월 내내 뜨개질로 씨름하지 않았더라면, 제리코 마니아들이 보내준 정성이 가득한 크리스마스 카드들로 책장이 빛나지 않았더라면, 사랑하는 내 몽상가 뮤즈들과의 여행과도 같았던 크리스마스가 없었더라면, 이 겨울은 너무나 적막하고 낭만이 없었을지도 모른다.

4년이 넘게 한결같은 노래방 멤버들과 크리스마스를 보내고 있다고 푸념하는 마감녀의 한 서린 울부짖음에 난 한참동안이나 깔깔거리고 웃었다. 하지만 나와 함께 크리스마스를 보내준 내 소중하고 오래된 벗들만은 오래오래 기억하고 싶다.

크리스마스이브에 그들을 불러놓고, 그동안 열심히 만든 목도리와 모자를 하나씩 내밀었다. 내가 할 수 있는 유일한 장기인 주린 배를 채워주는 일 외에 아무것도 해준 것이 없다고 생각했는데 따뜻한 것들이 그리운 사람들이 모이는 제리코가 바로 선물이라고 말해주었다.

내 가난한 몽상가 벗들과 꼬박 36시간을 함께한 크리스마스는 나에게 '꼭 지키고 싶은 것들'에 대해 가르쳐주었다. 내 마음은 행복하기도 했고, 그 순간이 곧 사라질까봐 더러는 슬프기도 한 것 같다. 꼭 지키고 싶은 것들이 있다 하더라도, 그것들은 다시 오지 않는 것이 아니다. 그저 같은 시간이 돌아오지 않을 뿐이다.

ⓒ박지산

ⓒ박지산

올해 가장 애틋한 시간들이 저물어간다.

THE 2ND YEAR

Café Jericho

두 번째 봄

고양이를 닮은 기타

★

제리코에는 손님들이 앉는 테이블을 제외하고는 카페 곳곳이 잡동사니 소품들로 가득 채워져 있는데, 내가 하나씩 사서 모으는 것들부터 단골손님들이 출장이나 여행길에 선물로 사온 장식품까지 어느새 가게 안이 꽉 들어찼다.
그리고 오늘 좁은 공간에 식구가 하나 더 늘었다. 어제 코파카바나 부부는 그들이 거주하는 오피스텔 건물 일층에서 버려진 기타를 발견했고, 나에게 휴대전화로 찍은 기타 사진을 보내면서 제리코에 기꺼이 기증하고 싶다는 의사를 밝힌 것이다.
나는 잠시 고민이 되었다. 기타를 보게 될 손님들의 반응들이 '꽉' 하고 감이 왔기 때문이다.
"생맥주도 돼요?"라고 묻거나,
"라이브 하나요?"라고 묻는다든지,
"직접 연주도 하나요?"라고 묻는다 해도 나는 그 어느 것 하나에도 Yes가 아니다. 매일같이 똑같은 질문에 대응할 것을 생각하니 벌써부터 피곤해지는 것이다. 하지만, 비주얼에 약한 욕심쟁이 백마담. 핸드폰으로 온 기타 사진을 훑어보다가 결국 그것을 감사히 받기로 결정을 내렸고, 몇 시간 후 코파카바나 부부는 기타 줄을 갈고 말끔하게 다듬은 새 기타와 함께 등장했다.

블랙과 베이지가 그라데이션된 매끈한 통기타는 그들이 키우고 있는 샴고양이

'노엘'을 연상시켰다. 기타의 끝자락에 코파카바나 부부의 K씨가 하이든의 수염처럼 기타 줄을 꼬아 만들었다는 수염 장식이 달려 있다.

"이 기타는 라이브 생맥주집에 세워져 있는 그냥 그런 기타가 아니라서요."
"제가 그냥 연주할까봐요."

두 사람은 머지않아 그렇게 될 줄 알았다는 것을 믿어 의심치 않는다는 듯 매우 당연한 표정으로 동시에 고개를 끄덕거렸다.
제리코에서 겨울 내내 뜨개질을 하던 카페 여주인이 이제 기타를 배우겠다고 설친다면? 창밖에 서서 구경하는 바깥 행인들이 상상이 되면서 저절로 고개가 저어졌다.
'안 되지 암. 안 되고말고!'
여지껏 살아오면서 단 한 번이라도 기타를 배우고 싶다고 생각해본 적은 없었다. 여유가 생기면 첼로를 배울 계획은 있지만 기타는 왠지 나와 어울리지 않는다고 생각했다.

그건 그렇고, 한쪽 벽면에 자리잡은 기타를 바라보고 있자니, 묘하게 이곳과 어울리는 것도 같다.
자주 이곳을 찾는 동네 아티스트들에게 가게 안이 빌 때 은근슬쩍 다가가 기타를 건네주고 뻔뻔하게 노래나 청해 들어야겠다.

초상화의 암울한 비밀

★

채드릭Chadrick은 뉴욕에서 온 아티스트다.
언젠가 채드릭의 작품들을 블로그에서 보고 그가 카페에 들렀을 때 그림들이 마음에 든다고 했더니, 얼마 후에 그가 그림 한 점을 들고 등장했다.
그렇게 해서 채드릭의 작품이 제리코 책장 위에 자리를 잡고 한동안 전시되어 있었다.

작년에 로니카가 찍어준 제리코 사진들 중에 나의 독사진이 여러 장 있었는데, 로니카를 통해 그 사진들을 본 채드릭이 내 초상화를 그려주겠다는 갑작스러운 제안을 해왔다.
어렸을 때부터 늘 이모 집 거실 벽에 걸려 있던 초상화를 봐왔고, 영화를 많이 본 영향 때문인지 내겐 초상화에 대한 막연한 동경이 있었다. 그런데 내 초상화를 가질 수 있는 흔치 않은 기회가 저절로 찾아오다니……
채드릭은 마음에 드는 사진 한 장을 골라서 가져갔고, 한동안 그가 모습을 보이지 않아 초상화에 관해서도 잊고 지냈다.
해가 바뀌고 1월의 어느 날, 그가 연락도 없이 불쑥 제리코에 나타났다. 초상화를 손에 들고. 나는 왠지 모를 쑥쓰러움과 두근거리는 심정으로 마른침을 삼키며 실눈을 뜨고 초상화와 첫 대면을 했다.
Wow! 나는 순간적으로 너무 놀란 나머지 그놈의 '와우' 소리만 족히 10번은

외친 것 같다.

그림 속의 백마담은 마녀였다. 외국인의 눈에 비친 나의 모습은 두 눈이 찢어진 채로 무서운 표정을 지으며 시선을 아래로 향한 마녀의 모습을 하고 있었다.

그림을 바라보는 그의 표정은 뿌듯함으로 가득 차 있었다.

그리고 내가 잠시 주방에서 주문받은 음식을 만드는 사이, 감히 상상도 못했던 엄청난 사태가 벌어지고야 말았다. 그는 전시되어 있던 자신의 그림을 찾아가기를 원했고, 직접 의자 위에 올라가 책장 위의 그림을 내리면서 나를 그린 초상화를 그 자리에 대신 올려놓은 것이다.

여행하면서 예정에 없이 우연히 들르게 되는 오두막 찻집에는 담합이나 한 듯 빠짐없이 볼 수 있는 풍경이 있다. 하나는 카페에 통기타가 있다는 것이고, 또 다른 하나는 카페 주인장의 얼굴이 그려진 초상화가 벽에 걸려 있다는 것이다. 그리고 조금 전 제리코에 그 두 가지가 다 생겼다.

내가 초상화를 선물받더라도 제리코를 빛낼 일은 절대로 일어나서는 안 될 일이었다. 나는 어쩌면 좋단 말인가. 어쩌면!!!

그는 조만간 친구들을 데리고 와서 자랑을 하겠다며 당당하게 퇴장했다.

어린 조카는 그림을 보자마자 갑자기 울음을 터뜨렸고, 카페를 처음 찾은 손님들의 시선을 붙들었던 벽화는 이제 2순위로 밀려났다.

사람들의 반응은 대충 두 가지였는데, 그림에서 알 수 없는 통쾌함이 느껴진다는 얄미운 사랑방 그룹과 도대체가 모를 여자라는 식의 어이없는 표정의 난감한 반응을 보이는 일반 손님 그룹이었다.

그중에서도 나에게 크나큰 상처를 준 반응은 따로 있었다.

채드릭이 나에게 그림을 전달해주러 제리코로 오던 날, 다른 방향에서 걸어가던 한 손님이 멀리서 초상화를 흘끗 보고는 자신도 모르게 백마담이 떠올랐다고 말해주었기 때문이다. 심지어 그 손님은 책장 위의 초상화를 발견하고는 본인의 눈썰미가 맞았다고 기뻐했다.

솔직히 초상화를 당장이라도 내리고 싶은 마음이야 굴뚝같았지만, 그림을 선물한 채드릭에게 최소한의 예의는 지키고 싶었고, 그의 눈에 비친 나의 모습인데 그 결과물을 가지고 이러쿵저러쿵 말하고 싶지 않았다.

실물보다 심하게 예쁜 초상화를 선물 받아 비난을 받는 것보다는 덜 난감한 상황이라고 스스로 위안하면서 이 현실을 겸허히 받아들이기로 했다.

초상화는 선물해준 이의 성의를 생각해서 채드릭이 한국을 떠나기 전까지 정확히 3주간 벽에 걸려 있었다. 단골손님 에릭은 D-day로 달력에 표시해 그가 떠나는 날짜를 카운트다운해주며 나를 위로했다.

정작 채드릭은 그 기간 동안 단 한 번도 얼굴을 내비치지 않았고, 그가 진작에 한국을 떠났다는 사실을 뒤늦게 전해 듣고 나는 망연자실했다. 초상화를 내린 후에도 그 후유증은 꽤 오래갔다.

장기대여 품목 No.2와 No.3

★

나의 커피 스승이신 신기욱 선생님이 제리코에 장기 대여해주신 빛바랜 소라색 캐비닛은 오래전에 군납용 의료함으로 쓰였던 것으로 선생님이 10년 전에 꽤 비싼 값을 쳐주고 샀다고 자랑했던 빈티지이다.
선생님의 작업실에 놀러 갔다가 그 캐비닛을 발견하자마자 제리코와 잘 어울릴 것 같아서 선생님을 졸라서 얻어내긴 했지만, 큰 사이즈 때문에 승용차에 실리지 않아 배달하는 과정에서 여러 사람을 고생시켰다.
캐비닛의 앞뒤 문을 분리하면 두 개의 조립형 테이블이 되고, 몸통은 선반으로 사용할 수 있어서 지금까지도 제리코 곳곳을 옮겨 다니며 카페를 빛내주는 소품 역할을 톡톡히 하고 있다.
그리고 오늘 생각지도 않게 제리코에 장기 대여 품목이 또 생겼다. 달자네가 장기 대여해준 그림 액자와 빈티지 타자기인데 나는 보는 순간 홀려버렸다.

그림 액자를 본 사람들의 반응은 제각각이다.
"원래부터 이곳에 있었던 것같이 꼭 맞아요."
"음…… 뭐랄까. 그림 액자가 어딘가 독특한 정신세계를 보여주네요."
"어두워 보이는 것이 왠지 제리코와 어울리지 않는 것 같아요."
그러나 별로 개의치 않는 나는 그런 반응들에 "아 그래요?" 하고 만다.
그림이 정말 마음에 들기 때문이다.

그녀의 또 다른 장기대여 소품은 스코틀랜드 유학 시절 벼룩시장에서 건진 빈티지 타자기로 가방에 장착되어 있고 실제로 작동까지 된다.
내일은 따스한 햇살 아래서 근사하게 피아노를 치듯 앤티크 타자기의 성능을 확인해봐야겠다.

골수 단골들과의 이별 이야기

★

일산의 영어학원 일대에 새 학기가 시작되자, 그동안 알고 지내왔던 외국인 강사 손님들이 계약이 만료되어 한꺼번에 한국을 떠났다. 지난 일 년 동안 거의 매일같이 보던 얼굴들인데 해가 바뀌고 더 이상 볼 수 없게 되어 나로서는 당연히 서운한 일이다.
로니카는 떠나기 전날 인사하러 와서 잘 있다가 헤어질 무렵에 그만 눈물을 보이고야 말았다.
외국인 손님들이 때가 되어 한국을 떠날 때마다 매번 같은 마음으로 허전한 것은 아니다. 알고 지내던 누군가와 가벼운 작별 인사를 하는 것과, 특별한 누군가와 이별하는 것은 그 무게감이 천지차이니까. '떠나다'와 '떠나보내다'가 어떻게 같을 수 있단 말인가! 하지만, 이별이 두려워 정을 덜 주려는 기계적인 노력은 아무 소용이 없다. 그저, 앞으로 보지 못해 아쉬운 마음 대신에 친구들의 행복을 빌어주기로 했다.

오늘 새벽엔 바른생활 청년 드류가 한국을 떠났다.
지난 추석 나와 마감녀는 드류와 함께 가까운 송봉도로 2박3일간 여행을 떠났다.
처음으로 바다를 마주한 나의 미니는 바른생활 청년 드류와 나란히 바닷가에 앉아 종일 바다를 감상했다. 피곤한 일상에서 벗어난 기쁨으로 한가한 모래사

장에서 세 사람 각자 자리를 잡고 누워 낮잠을 만끽했는데, 일어나보니 미니가 없어져 혼비백산했던 기억은 두고두고 잊을 수 없을 것이다. (아, 미니는 혼자 바닷길에서 한가롭게 사색 중이었고, 내가 부르는 소리에 멀리서 뛰어왔다.) 추석 송봉도 여행은 편안한 멤버들과 함께했던 심심해서 좋은 여행이었다.

드류는 떠나면서 여러 권의 책들과 어마어마한 양의 음악 파일 그리고 줄이 끊어진 기타를 제리코에 기증했다. 나는 이미 코파카바나 부부로부터 기증받은 샴고양이 기타가 있기에, 평소에 클래식 기타를 배우고 싶다며 노래를 부르던 달자네에게 넘겨주었다.

존재감이 남다른 쌍둥이 앤드류와 데이브 형제도 며칠 뒤면 한국을 떠난다.

트윈스. 이들은 1년간 그 덩치에 걸맞은 주문으로 제리코의 매상에 막대한 기여를 한 VVIP였다. 그들은 클럽샌드위치와 참치 샌드위치, 그리고 시저샐러드를 좋아했다.

나에게는 막내 동생뻘인 트윈스들과 함께 나눈 추억도 많다. 항상 그룹으로 떼를 지어 다니던 그들은 숙소나 동네 주변에서 자주 파티를 했는데, 최고 연장자인 나도 몇 번 초대를 받아 함께 어울렸다.

일산 장항동의 럭셔리 비 노래방을 특히 좋아했던 트윈스는 내가 이제까지 살면서 본 최악의 싱어들이었고, 나는 창피함에 노래방을 혼자 몰래 빠져나왔던 적도 있었음을 지금에서야 고백해본다.

트윈스는 그들 스스로 쌍둥이라는 것을 알리지 못해 안달이라도 난 것처럼, 항상 똑같은 패션을 고수했다. 활동적이고 늘 웃음이 가득했던 트윈스는 190센티미터가 넘는 키와 커다란 덩치와 묘하게 어울리게, 영화 '아메리칸 파이'의 등장인물들처럼 몹시 귀엽고 행동은 유아틱했다.

오늘 트윈스는 마지막 만찬을 위해 제리코를 방문했고, 늘 그랬던 것처럼 나에게 "Thanks Mom"이라는 마지막 인사를 남기고 떠났다.

안녕 트윈스,
안녕 로니카,
안녕 드류,
제리코가 있는 한 너희들이 항상 그리울 거야.

식물 요양원 제리코

★

동남아로 3개월간 장기여행을 떠나면서 세 가지 식물을 제리코에 맡긴 테드에게서 며칠 전 짧은 메일을 받았는데, 내용이라곤 달랑 한 줄이었다.
"How are my plants doing?(내 식물들은 잘 있겠지?)"
나는 인사도 없이 달랑 한 줄 메일을 보낸 테드에게 씩씩거리면서 두 줄로 된 답장을 보냈다.
"All your plants are absolutely happy with me. Don't even forget about the souvenir. (너의 식물들은 행복에 겨워하고 있으니 너는 절대로 빈손으로 나타나면 안 된다.)"

사람들은 종종 나에게 식물들을 잘 키우는 힘이 있는 것 같다고 칭찬을 해주는데, 뭔가 특별한 비법을 기대하는 사람들에게 나는 이렇게 답변한다.
"사랑을 주세요."
솔직히 말해서 비법 같은 것은 따로 없다.
제리코는 햇살을 온몸으로 받는 방향에 자리했기 때문에 이런 완벽한 조건 속에서 식물이 잘 자라지 않는 것이 오히려 이상한 일일 것이다. 그렇지 않으면 저주받은 땅이거나.
가끔씩 나와 비슷한 환경과 식물 키우기에 적절한 조건을 갖춘 빌딩에 사는 사람들도 시름시름 죽어가는 식물들을 안고 제리코를 찾을 때가 있다. 일명 사다

코의 머리카락이라고 불릴 만큼 질긴 생명력을 자랑하는 식물조차도 한순간에 운명을 달리할 때가 생기는데, 오피스텔 환경이 제리코에 비해 신선한 공기가 부족한 게 이유일 것이다.

그럴 때 필요한 것이 바로 특별한 관심과 애정이라고 나는 자부한다. 죽어가는 식물 살리기가 필살기인 나는 실제로 식물과 인간 사이의 교감을 믿는다. 하지만 식물에게도 넘치는 사랑과 과식은 금물! 그러고 보면 적절한 관리와 애정은 인간관계에서만 통용되는 것은 아닌 모양이다.

식물 요양원 제리코에도 빈틈은 있게 마련인데, 그 빈틈은 요양원 관리인의 불량한 기억력이다. 가게를 찾는 손님들이 카페의 주인공이기도 한 아름다운 꽃들과 초록 식물들의 이름을 물어올 때면, 정말이지 난감하고 요양원 관리인으로서의 체면은 말이 아니다.

유달리 식물 이름 외우기에 약한 내가 수많은 꽃들과 초록 식물들의 이름을 다 기억할 수 있었다면, 화원을 하겠다고 설칠지도 모를 일이니 다행이라고 해야 하나?
그나저나, 이따금씩 화분 도둑께서 훔쳐간 나의 식물들이여, 고이고이 잘 자라고 계신지요.

사랑방

★

에너지 충전소라고 할 만큼 화창한 낮 풍경과 상반되게 밤이 오면 고장 난 가로등 아래로 유난히 어둡고 한산한 거리로 변하는 장항동 731번지. 헤드라이트가 꺼진 자동차들로 가득 메워진 공영주차장 사이를 취객들이 비틀거리며 지나가고 이 적막한 거리를 늦은 밤까지 비추고 있는 것은 가로등이 아닌, 유리창 밖으로 새어나가는 제리코의 조명이다.

이 단조로운 공기를 채우고 있는 것은 매일같이 반복되는 제리코의 평범한 일상이지만, 제리코엔 아는 사람만 아는 특별한 세계가 존재한다. 때가 되면 도착하는 사람들, 마치 약속을 한 것처럼 예정된 만남들이 서로를 기다리고 있다.

호수공원으로 달자와 산책을 가는 달자네와 눈인사를 하면서, 그편에 어떻게든 미니를 묻어 보내려는 백마담. 폐인 얼굴이었던 마감녀는 지난밤 마감나라에서 해방된 것을 자축하며 아이스 그린티 라테를 주문하고 생기 있는 표정으로 바에 앉는다. 그리고 백마담이 실감나게 브리핑해주는 지난 한 주간 이곳에서 일어난 일상 다반사를 전해 듣고 키득거리다가 함께 야식을 시켜먹는다.

"보고 싶었어요." 한결같은 멘트로 수줍게 등장하는 풋풋한 스무 살 아가씨 아기곰. 그녀는 주로 독서를 하면서 천천히 혼자만의 만찬을 즐기는 편인데, 주문하는 게 무엇이든 그릇을 맛나게 비워준다.

카페에 들어서자마자 늘 미니와 다정하게 눈인사를 나누는 뜨개방 옥여사님은 퇴근 후에 제리코로 출근해서 엉치뼈가 쑤실 때가 되어서야 자리에서 일어난다.

"제발 잡지 좀 가져다 놓으라구!"
그녀는 책장에서 아무렇게나 집히는 여행기를 꺼내어 잡지를 보듯 빠른 속도로 훑다가 구석 어딘가에서 내가 뜨다 말고 박아둔 뜨개질 감을 찾아 뜨개질을 하면서 주문한 저녁식사가 나오기를 기다린다.
제리코 옆에 위치한 오뎅바 사장님은 출근과 동시에 이곳에 와서 특유의 느릿느릿한 억양의 대구 사투리로 커피를 주문한다.

"바깥자리에 아메리카노 한잔."
해질 녘의 야외자리는 그녀의 지정석. 커피와 함께 담배 몇 개비로 오뎅바의

긴 하루는 시작된다.

조깅을 마치고 매일 비슷한 시간에 들러 시원한 맥주 한 병으로 하루를 마감하는 토스트맨에게 있어 제리코에서의 맥주는 기분 좋은 청량제일지도 모른다.

지극히 규칙적인 생활 패턴을 유지하고 있는 코파카바나 부부는 하루도 빠짐없이 헬스장을 다닐 만큼 건강한 체력을 유지하는데, 오늘은 마트에서 구입한 제기를 들고 제리코를 찾았다. 그들은 빈 공영주차장에서 서로 주거니 받거니 하면서 다정하게 제기를 차고 있다. 손님들은 창밖으로 치어리더가 연상되는 파란색 반짝이 제기가 공중부양되는 모습과 코파카바나 부부를 번갈아가며 신기한 듯 구경하고 있다.

제리코에서 만나는 등장인물들은 만날 때마다 서로 정겨운 인사를 주고받느라 부산스럽다.

오늘은 혼자 왔네. 일찍 왔네. 저녁이 늦었네. 오랜만이네 등등.

이곳은 대체적으로는 수다스러운 부녀회관 같고, 때로는 고요한 도서관의 모습이었다가 또 어떤 때는 다양한 의견들이 쏟아져 나오는 품평회장 같기도 하다.

사람들은 이곳을 사랑방 제리코라고 부른다.

일러스트레이터의 특별한 선물

★

선물받은 이천 장의 쿠폰과 명함을 다 쓸 즈음엔 '제리코 가든'을 계획하고 있을 겁니다.
그때 꼭, 세연씨에게 벽화 작업을 의뢰하고 싶어요.
그때까지 부자될게요. 선물 감사합니다.

사람이 주는 따뜻함이

눅눅해 있던 내 마음을 찬찬히 녹이려 한다.

사람이 그렇게 만들고 있는 것이다.

목구멍이 뜨거워지는 이 순간.

자전거 도둑과 봄

★

아직 이르다 싶었지만 봄은 아무래도 온 것 같다.
겨울 내내 멀쩡하게 자리를 지켜왔던 나의 자전거가 오늘 흔적도 없이 사라진 것을 보고 어이없이 웃으며 나는 봄이 왔음을 느껴버린 것이다.
그런데 바깥에 자전거가 사라진 것을 알아챈 것은 내가 아니었다.
손님들이 언제나 그 자리에 불안하게 세워져 있던 자전거를 우려했을 때에도 나는 도도하게 말해왔었다.
"자전거가 없어진 그날 봄이 온 걸 알겠죠."
나의 농담이 결국 씨가 되어버렸나보다.

매일같이 원피스를 입고 출근하는 나에게 자전거는 기동성보다는 그저 카페와 잘 어울리는 보기 좋은 소품이었다는 것은 이곳을 드나드는 손님들 모두가 알고 있었다.
사실 잃어버린 자전거를 다시 찾는다 한들 존재감 미미했던 그것이 진정 내 것이었는지 확신할 만한 증거도 없다.
누군가 나에게 두 번째로 자전거를 도둑맞은 소감을 묻는다면 이젠 이렇게 대답할 수밖에 없다.
"자전거 뒤에 가려져 있던 쓰레기로 가득한 화분부터 치워야겠군요!"

아침산책을 시작해야겠다.
이른 봄은 매력 있다.
만개한 꽃이 시들까봐 시작부터 아쉬운 완연한 봄보다 훨씬 더.

길에서 만난 친구

★

1주년 행사 때 쓸 와인을 사기 위해 행신동의 와인 아울렛으로 향하던 길에 2차선 도로에서 빙글빙글 돌며 길을 잃고 방황하던 강아지를 발견했다.
차에 함께 타고 있던 친구들이 다급하게 내려 뒤에 오는 차를 세워가며 강아지를 구출했지만 근처를 돌아다녀봐도 강아지를 봤다는 사람이 나타나질 않았다. 하는 수 없이 내가 데리고 왔는데, 강아지의 새 주인을 찾기 위해 여기저기 수소문을 한 끝에 드디어 알맞은 입양자가 나타났다. 어찌된 영문인지 직접 만나본 후 그는 분양을 포기했다. 병원에 데리고 가서 예방주사와 중성화 수술까지 마치고 기다린 새 주인이라 여간 힘 빠지는 일이 아니었다.
애완동물들도 주인과의 궁합이 있기 때문에 어느 정도 이해할 수는 있었지만, 6개월 된 믹스견의 모양새가 포기를 결정하는 이유로 작용했다고 생각하니 조금 속상한 마음이 들었다.
예쁘게 보이려고 목에 묶어준 광택 나는 분홍색 리본을 풀어주면서 나는 이 작은 강아지의 분양을 아예 포기해버렸다. 이 녀석을 분양시키기 위해 최선의 노력을 다했는지는 모르겠지만, 애써 보내지 않기 위한 노력 또한 하지 않았던 것 같다. 정을 주지 않으려고 그동안 강아지의 이름도 지어주지 않았는데……
처음 안을 때 순간적으로 내가 책임지게 될까봐 불안한 예감이 있었다. 하지만 이미 나에게는 10살이 넘은 노견 미니가 있었고, 카페를 운영하면서 두 마리의 개를 키운다는 것은 누가 봐도 벅찬 일이었다. 이제 와서 유기견 보호소에 데려가자니, 동물에게만큼은 마음이 모질지가 않아 그럴 수도 없었다.
이제 막 앞니가 빠진 6개월짜리 강아지를 집에 들여놓았을 때 미니는 책장에 숨어 한참동안 나오지 않는다거나 평소에는 하지 않던 이상한 행동으로 거부감을 표시했다.
새 주인을 찾는 동안 열흘이라는 시간이 훌쩍 지나버렸고, 전쟁 같던 시간들을 보내고 나니 어느새 평화가 찾아왔다.

신기하게도 이 녀석들 서로에게 영향을 주고받는 것인지, 점잖던 미니의 애교가 점점 늘고 있다.
몸에 난 갈색 점들이 하늘의 구름같이 예뻐서 지어준 이름 '구름이'. 빈티구름, 솜털구름, 뭉게구름, 애교구름, 사부작 구름, 미니구름. 달자네 말대로 어디에 붙여도 다 잘 어울리는 구름이다.

쿠폰왕

★

지난 일 년 동안 모아두었던 제리코 쿠폰을 결산해 지난 한 해 가장 많이 제리코를 다녀간 쿠폰왕을 가렸다. 누락되었을 몇 장의 쿠폰을 감안하더라도, 아래의 데이터는 제법 정확한 수치를 보여준다.

Total Coupon : 187장
Total Free Drink : 약 100만 원

Top 5 방문 고객 리스트

★ NO. 1 산이 가족 (스무 장 = 스탬프 180회)
주중에는 부부가 각각 따로 방문하고, 주말은 온가족이 함께 다녀가는 산이 가족이 예상대로 1등이다.

★ NO. 2 코파카바나 (열아홉 장 = 스탬프 171회)
단 한 장의 차이로 아쉽게 2등을 거머쥔 코파카바나 부부. 하지만, 이 부부가 집 안에 굴러다니는 쿠폰들을 모두 찾아 들고 나온다면 1등은 바뀌었을 것이다.

★ No.3 테드 (열여섯 장 = 스탬프 144회)
3개월간의 장기 여행을 떠난 테드에게 이 기쁜 소식을 전할 수가 없어 무척 안타깝지만, 여행에서 돌아오면 그가 좋아하는 트리플샷 아이스 라떼를 대접해야지.

★ No.4 드류 (열다섯 장 = 스탬프 135회)
넘버 쓰리를 차지한 드류는 진정한 넘버 원이다. 왜냐고? 넘버 원, 투, 쓰리는 커플끼리 온 경우가 많지만, 드류는 에브리 타임 혼자 왔으니까. 드류가 한국에 없는 것이 못내 서운하다.

★ 공동 5위

아기곰 (열 장 = 스탬프 90회)

중반부에 등장해서 고속행진을 하고 있는 아기곰은 제리코를 너무 사랑해서 미니홈피에 제리코 폴더를 따로 두고 있다. 지금 막 들어온 아기곰에게 이 소식을 전했더니 아카데미상을 수상한 여배우처럼 기뻐하네요.

마감녀 (열 장 = 스탬프 90회)

공동 5위라고 실망하지 마시길. 그대가 제리코 가오픈 때부터 지금까지 쭈욱 제리코의 가장 오랜 단골이라는 사실을 백마담이 잊지 않고 있으니.

그 외에도, 스탬프 자체를 찍지 않아 데이터는 없지만, 방문 횟수로는 Top 5 감인 몇몇 고객들이 있다.

수상 축하 감사 선물 내역

★ No. 1 : 햇살로 지은 산뜻한 밥상과 음료를.
★ No. 2 : 인도 여행을 준비 중인 코파카바나 부부에게 각각 글라스 와인 한 잔과 샐러드를.
★ No. 5 : 그들만의 애호 메뉴인 아포가토와 아이스 그린티 라떼를 두 번씩 선사하겠어요.

ⓒ맨 위 왼쪽 윤혜라, 맨 위 오른쪽 오민경

웰컴 투 제리코

★

제리코의 야외자리에 앉아 세이와 기타를 튕기고 있는데, 지나가는 이웃들이 우리를 번갈아 쳐다봤다.
"하하 제가 기타를 배워서요."
괜히 얼굴이 붉어지고 쑥스러워서지 누가 물어본 것도 아니었다.
먼발치에서 코파카바나 부부가 천천히 제리코로 다가왔고, 눈이 마주친 우리는 마주 보고 웃었다. 그들은 나의 바가지 머리를 보고 한 번, 내 손에 들려 있는 기타를 보고 또 한 번 웃었다.
인도 여행을 마치고 돌아온 부부는 변함없이 건강해 보였고, 까맣게 그을린 피부와 표정에서 어딘가 모르게 대 우주의 에너지 같은 것이 전해지는 것만 같다.
반가운 손님을 보기 위해 저녁에 모인 사랑방 손님들은 여행 사진을 감상하고, 그들이 들려주는 재미난 여행 에피소드들을 듣느라 시간 가는 줄도 모르고 자리를 지키고 있다.
부부는 집으로 돌아가는 사람들에게 인도에서 가져온 카마수트라 열쇠고리를 기념품으로 돌렸다.
카마수트라의 고난위도 섹스 체위의 열쇠고리를 선물로 받은 제리코의 여인들은 웃겨 죽겠다고 다른 사람들의 열쇠고리를 돌려가며 구경했다.

코파카바나 부부에게 제리코의 새 가족이 된 구름이를 소개시켜주었다.

봄바람이 살랑살랑 마음을 달랜다.

카프카 백작

★

유부남의 신분으로 아가씨들을 대놓고 밝히는 밉상스러운 중년의 남자 손님이 있다.
나에게는 전혀 관심을 보이지 않아 고맙지만, 제리코에 가끔씩 와서 차를 마시는데 얼마 전에는 뜬금없이 캡슐커피 예찬론을 펼치다가 돌아갔다.
평소에는 한 번도 커피를 주문한 적이 없던 그가 손님을 동반하고 제리코에 와서 처음으로 에스프레소를 주문한 것이다.
"여기 장 박사가 20년 넘게 프랑스에서 살고 있거든. 내가 장 박사를 소개받은 이후로 커피 맛에 아주 제대로 빠졌다니까."
장 박사나 김 박사나 나와는 아무 상관이 없었지만, 프랑스라면 좀 다른 이야기였다.
1998년 여름, 일본인 친구 카나에와 함께 여행했던 추억의 도시 파리. 시내 중심가의 2류 호텔 발코니 창가 아래에서 취객이 밤새 불어제꼈던 걸쭉한 음성의 세레나데가 떠올라 귓가를 맴돌았다. 10년 전의 일이라 기억도 가물가물하지만, 그래도 프랑스는 내 기억 속에 여전히 낭만적인 도시다.

며칠 뒤 장 박사라 불리던 그 손님은 다른 일행들과 함께 제리코를 찾았다.
카페로 들어선 장 박사는 에스프레소를 주문하면서 며칠 전에 책장에서 봤던 책이 어디 있는지 찾아달라고 나에게 부탁했다. 장 박사가 찾고 있던 책은 그가 프랑스 유학 시절에 처음 번역한 것인데, 절판되었기 때문에 헌책방에서나 살 수 있다는 설명을 덧붙였다.

내가 찾아준 책을 보고 감탄하던 일행 중 한 명이 다가와 그 책을 사고 싶다고 했다. 하지만 왠지 팔고 싶지가 않았다. 집에 있던 책장에서 그냥 빼들고 나온 책으로 정작 나에게 특별한 의미도 없는데도 말이다.

나는 첫 페이지를 펴서 장 박사에게 사인을 요청했다. 그때 살짝 본 장 박사의 표정은 아주 조금 우쭐해하고 멋쩍게 웃었던 것 같다.

요즘 장 박사는 이곳을 자주 찾는다.

그는 제리코에 올 때마다 뒷짐을 지고 서서 꼼꼼히 책장을 둘러본다.

검색해서 찾아보니 그는 총 세 권의 책을 집필했는데, 아쉽게도 구매 욕구를 당기는 제목은 없었다.

나에게 다른 책들도 갖다놓으라며 진담을 농담처럼 말할 때라든가, 세련된 프랑스의 이미지와는 거리가 느껴지는 구수한 경상도 사투리를 구사할 때, 아, 또 있다. 포마드 기름을 바른 듯 넓은 이마를 드러내는 헤어스타일과 두껍고 진한 까만 눈썹에 큰 이를 드러내며 웃을 때에도 그는 어딘가 모르게 그로테스크한 분위기를 풍긴다.

망토와 덧니만 있다면 흡사 드라큘라 백작인데……

드라큘라 백작의 포스를 지닌 장 박사가 제리코의 야외 테이블에 앉아 에스프레소를 마시며 책을 읽을 때면 마치 제리코와 내가 백작의 보호를 받고 있는 듯한 착각이 들어 묘한 스릴감에 빠지게 된다. 장항동 요지맨(요지를 입에 물고 다니는 남자들)들이 백작의 포스에 눌려 제리코 반경에서 몇 발짝 떨어져 멀찌감치 서 있는 기분이 들기 때문이다.

그래서 나는 장 박사를 카프카 백작이라고 부르고 있다.(실제로 입밖에 내어 부른 적은 없지만……)

ⓒ강민정

카프카 백작은 자주 이곳에 들러 브런치를 주문하고 커피를 마시는데, 간간이 프랑스에서의 생활에 대한 이야기를 들려주기도 한다. 와인 전문가이기도 한 그가 평소 조예가 깊은 와인에 관해서 풍부한 지식을 자랑할 때면 일본 만화 '신의 물방울'에서 보았던 위엄 있는 와인의 고수가 떠올라 더욱 집중해서 경청하기도 한다.

하지만 내 속의 진짜 꿍수는 그가 언젠가 그랑크뤼Grand Cru급의 와인을 들고 이곳으로 와 기분 좋게 한턱 쏘는 날을 상상하는 것이다.

그러던 어느 날, 카프카 백작이 낮이 아닌 밤에 제리코를 찾아와 에스프레소가 아닌 와인을 주문했다.

와인 전문가에게 제대로 내세울 만한 와인이 마땅치 않아 내심 곤란해하면서 그의 표정을 살폈는데, 막상 카프카 백작의 표정을 보니 오늘만은 그게 어떤 와인이 되었건 아무런 상관도 없다는 듯 참담한 기운이 역력했다.

침울한 표정의 카프카 백작을 보고 있자니, 영화 속 드라큘라 백작의 고독이 전해지는 것 같았다.

나와 바에 나란히 앉아 함께 와인을 마시는 동안 단 한마디도 없이 긴 침묵을 지키고 있던 그가 한숨 끝에 잠깐씩 간격을 두고 말을 이어갔다. 카프카 백작이 뱉은 첫 마디는 바로 얼마 전 이 세상을 등지고 돌아올 수 없는 먼 길을 떠난 '노무현 전 대통령'에 관한 짧은 단상이었다. 오랜 동지를 잃은 듯 비탄에 슬픔을 삼키던 카프카 백작은 빈 와인 잔을 내려놓고 조용히 퇴장했다.

며칠 뒤, 그는 다시 제리코에 들렀고, 얼마 후면 다시 프랑스로 돌아간다는 소식을 전했다. 나는 더 이상 카프카 백작의 보호를 받을 수 없다는 사실에 조금 서운한 기분이 들었다.

카프카 백작이 언젠가 다시 한국으로 돌아와 제리코를 찾는다 해도, 그의 다른 책들이 책장에 있을지는 확신할 수 없지만, 그가 학생 시절 번역한 작품 '카프카의 연인 밀레나' 만큼은 오랜 시간 나의 책장에 자리할 것이다. 그날 밤 함께 했던 짧은 애도의 시간도 함께……

ⓒ강민정

나에게로 온 부적

★

내가 하루 중 가장 많은 시간을 할애하는 주방. 이곳에 서 있으면 나와 마주 보고 있는 벽화에 습관처럼 눈을 맞추고 벽화 속 동물들을 바라보게 될 때가 있다. 그림으로만 존재하는 판타지 새 '도도', 제리코의 마스코트 '미니', 그리고 벽화를 그린 작가 이랑의 애묘 준이치가 벽화의 주인공들이다.

제리코를 오픈하고 나서 일 년이 지났을 무렵부터, 나는 이곳의 상징적인 의미가 된 벽화를 바라보면서 알 수 없는 상념에 빠져들었다. 뜬금없이 들릴 수도 있지만, 카페가 한가한 이유가 사람은 한 명도 없고, 동물들만이 주인공인 벽화 때문일지도 모른다는 생각이 들었던 것이다.

그즈음 일러스트레이터인 달자네가 돌아오는 생일에 어떤 선물을 갖고 싶은지 물어왔다. 나는 그녀에게 제리코 비상키를 쥐어주며 사람들로 가득 찬 제리코 그림을 갖고 싶다고 말했다.

한 달이 지난 생일날 출근해서 문을 열자 달자네가 미리 놓고 간 선물이 반갑게 나를 맞아주었다.

선물 포장을 뜯자, 사람들로 가득 찬 카페 제리코가 모습을 드러냈다.

새침한 백마담이 가장 먼저 눈에 들어온다. 원피스를 입고 헤어밴드를 한 채로 도도하게 커피를 홀짝이는 백마담 옆으로 미니와 구름이가 나란히 서 있다. 미니는 그림 속에서 더욱 생기발랄하고, 구름이는 어쩌면 그림 속에서마저 빈티가 난다.

멀리 노트북을 끼고 앉아 인상을 쓰고 있는 저 여인네는 마감녀가 틀림없다.
그림 속에서까지 마감 인생을 살고 있다니 안쓰럽기 그지없네.
테이블에는 사람들이 가득 차 있는데 여전히 남는 자리가 있다.
이제 보니 제리코는 제법 큰 상자였구나.

벽화 어딘가에 자리를 정해 제리코 액자를 걸어야겠다.
그림에 마음에 꼭 든다.
훗날 제리코가 없어진다 하더라도 이 든든한 부적 같은 제리코 그림은 나와 함께하겠지. 즐겁고 행복한 얼굴로. 더러는 소란스럽거나 슬픈 모습으로 함께 더불어 보냈던 모든 순간들까지도.

원피스 공화국

★

가게에 들어오니 형형색색 원피스를 입은 여인네들이 곳곳에 앉아 있다.
'원피스 데이'라고 가게 앞에 써서 붙인 것도 아닌데 마치 한 폭의 수채화처럼
곱고 화사해서 눈이 호강한다.

부메랑

★

한동안 제리코에 발길을 끊고 소식이 없었던 손님들이 한꺼번에 다시 이곳을 찾아오기 시작하면서, 우연치고는 자연스럽지 않은 이 현상을 두고 '재회'와 '계절' 사이에 어떤 상관성이 있을지도 모른다는 생각이 들었다.

하지만, 재회를 하기에 안성맞춤의 계절이라는 것이 따로 있을 리가 만무하다. 나는 그 원인이 어쩌면 '여름'이라는 계절에 있을지도 모른다는 생각을 하게 되었는데, 그렇지 않고서야 그룹도 아닌 개개인이 '우리 그러기로 해요'라고 입을 맞춘 것처럼 같은 시기에 돌아오기란 쉽지 않은 일이 아닌가 말이다.

나와 서툰 인연을 맺었다가 돌연 종적을 감추었던 사람.

나의 딱딱함에 질색하여 발길을 끊었던 사람.

조금은 억울한 사연으로 오해가 생겨 나와 관계가 묘연해진 사람.

일련의 사건들로 제리코에서 쫓겨난 이후 자존심을 다친 사람.

매듭을 짓듯 한번 접힌 인연들이 다시 제리코로 돌아온다고 해도 나에게는 그들의 귀환을 거절할 이유는 없다. 내가 애초부터 그들을 선택한 것이 아니었던 것처럼.

이곳에서 맺은 인연들과 자연스럽게 친해지다가도 막상 그들이 돌아섰을 때의 나의 위치는 카페 주인 그 이상도 이하도 아닌 것이 되어버린다. 나는 그들을 볼 수 없지만 제리코는 노출이 되어 있고, 어쩌면 이곳을 피해 길을 돌아갈지도 모른다는 생각을 하면 마음 한구석이 아프다.

그래서 손님들과 적당한 거리를 두고 친분을 유지하는 것은 참으로 힘든 일이다. 어차피 그들은 손님이지 나의 친구들이 아닌데, 나도 가끔씩은 그 사실을 잊고 지낼 때가 있다.

장사를 하는 입장에서는 제리코를 등진 손님들에게 먼저 연락을 하는 것이 불편하고 조심스럽다. 다시 돌아온 손님들도, 나도 처음엔 어색한 분위기를 모면하기 위해 서로 애를 쓴다.

자존심을 다친 이후로 다시는 오지 않을 줄 알았던 '도널드 G'가 나타났을 때, 나는 예전의 미안함에 필요 이상으로 친절했던 것 같다. 그런 내 모습이 바보처럼 느껴질 만큼. 6개월 만인가 홀연히 나타나 맥주를 주문한 J는 하필이면 내가 바쁜 타이밍에 등장하는 바람에 제대로 인사도 나누지 못한 채 야외자리에서 10분 만에 맥주를 마시고 가버렸다.

몇 번 이런 상황을 겪고 나에게도 마음의 여유가 생겼는지 8개월 만에 나타난 M에게는 자연스럽게 안부인사를 건넬 수 있었다. 그들 사이에는 재미있는 공통점이 두 가지가 있다.

첫 번째로는 나에게 사전에 문자로 허락을 구하고 나타난다는 것인데, 내 대답은 언제나 Yes다. 두 번째 공통점은 모두가 한결같이 커피가 아닌 맥주를 주문한다는 것이다. 그렇게 맥주는 제리코에서만큼은 화해주로 통용된다.

다시 제리코를 찾는 단골들에게 예전의 그 '사건'들이 이제는 아무것도 아닌 일이 되었는지 작정하고 캐묻지 않아서 깊은 속내는 알 길이 없다. 단지 과거의 사건들이 사소한 오해에서 빚어졌고, 시간이 지나고 나니 용서와 화해조차 무의미해진 일들이 되어버렸을지도 모른다.

계절이 바뀐 사이 마음과 마음의 거리를 좁히기까지 앞으로 시간은 걸리겠지만, 내가 먼저 마음을 보여준 적이 없는데도 불구하고 먼저 손을 내밀어준 그들에게 감사한 마음을 표현하고 싶다.

ⓒ박세연

이곳을 상기시켜주는 연결고리가 되었을지도 모를 '여름'과 '맥주'에게도 고맙다. 앞으로 돌아올지도 모를 몇몇의 손님들을 위해 이참에 다양한 맥주나 미리 구비해놓아야겠다.

백마담의 안테나

★

제리코의 단골손님들은 대략 두 부류로 나눌 수 있는데, 좁은 공간에서의 퍼포먼스 앞에서 불편함을 느끼는 사람들과 이와 반대로 적극적으로 참여하고 좋아하는 사람들이다.

주로 카페를 드나드는 손님들이 무대의 주인공이 되기도 하고, 동시에 관객이 되기도 한다. 제리코에 오는 손님들 중 능력자들을 발견할 때마다 나는 혼자 보기 아까운 마음에 그들을 설득해서 기필코 무대에 올린다. 작년에 공연을 한 제임스, 셰이, 조이엄 모두 제리코의 단골손님들이었고, 멋진 무대를 선사해준 대가는 돈이 아닌 식사와 알코올 대접이었다.

소박한 무대라고는 하지만, 공간이 좁아 관객들은 서른 명을 넘길 수 없고, 앰프나 마이크조차 준비되어 있지 않은 열악한 환경이다. 그럼에도 불구하고 매 공연마다 많은 사람들로 성황을 이루었다. 동네에 소문이 나기 시작하면서는 제법 많은 손님들이 제리코의 특별한 공연을 기다리게 되었다.

하지만, 올해 초 1주년 축하공연을 해준 '이랑' 이후로 한동안 공연은 씨가 말라버렸고, 그 사이 여름이 왔다.

기타를 시작하고 제리코에서 공연을 해보겠다고 야심차게 선언한 달자네와 나의 기타 실력은 아직까지 별볼일이 없고 늘지 않는 실력 때문에 풀이 죽은 상태다. 둘이서 죽도록 연습한다고 해봤자. 어이없는 무대에 운집한 착한 제리코의 관중들이 유난한 박수로 우우우~~~ 호응해준다 치더라도, 그 이후로 이곳을 외면해버릴지도 모른다. 나는 그런 위험한 일은 절대로 시도하고 싶지 않다.

올해 또 어떤 재미있는 일들을 도모해볼까 계획하는 것은 언제나 즐겁고 설레는 일이다. 그리하여 오늘도 나의 안테나는 뉴페이스를 찾기 위해 쉴 새 없이 돌아가고 있다.

See You Later 포메라

★

타인과 만나 친해지는 데 있어 유독 많은 시간이 걸릴 때가 있다.
서로를 알아가기 위해 공을 들이는 것은 시간뿐만이 아니고, 중요한 것은 타이밍. 그래서 제리코에 드나드는 모든 사람들과 다 이웃하는 것은 아니다.
내일 이른 아침이면 손님이자 이웃이었던 포메라 가족이 일산을 떠나 멀리 평촌으로 이사를 간다. 반갑다 친해지는 데 일 년이라는 시간이 걸렸는데 겨우 정을 들여놓으니 이제 떠난단다.
오늘 그녀가 이웃으로서 마시는 마지막 커피를 위해 제리코를 찾아왔다. 양손에 한가득 짐을 들고 서서 아름다운가게에 기증하기 전에 혹여라도 제리코에 쓸 것들이 있는지 보라고 이곳으로 먼저 온 것이다.
아름다운가게에 넘길 것도 없이 모든 물건들이 꺼내놓음과 동시에 동이 났다. 때마침 제리코에 함께 있던 사랑방 손님들 사이에 순식간에 미니 벼룩시장이 벌어진 것이다.

그녀에게 배웅인사를 한 것은 나 혼자가 아니었고, 이웃들도 함께였다.
포메라 가족은 언제 어떤 모습으로 이곳을 찾아올까.
그들에게 제리코는 어떤 의미일까.

내일 그들이 떠나기 전에 제리코의 방식으로 인사를 해주어야겠다.

'포옹'

그 여름의 끝
★

제리코 책장에는 '에덴의 동쪽'의 저자로도 유명한 존 스타인벡의 '찰리와 함께한 여행'이 있다.
1968년에 작고한 그가 생전에 반려견인 자이언트 푸들 '찰리'와 함께 대형 트레일러 '로시난테 호'에 몸을 싣고 4개월간 미 대륙을 여행한다는 내용의 낭만적인 여행기이다.
이 책에 보면, '사람이 여행을 하는 게 아니고, 여행이 사람을 데리고 간다'는 근사한 구절이 있는데, 한적한 바닷가에서 미니 구름과 함께 석양을 감상하면서 느리게 걷고 감상하는 여행을 해보고 싶은 충동이 생기곤 한다.
달자네는 언젠가 '서바이벌 트립'이라는 제목으로 그녀의 미니홈피에 개와 함께하는 자동차 여행에 관한 환상을 언급한 적이 있었다. 그녀도 나처럼 반려견과 함께하는 여행에 대한 비슷한 로망을 가졌던 것 같다.
뭐 굳이 따지자면 모든 것을 다 갖춘 존 스타인벡의 '로시난테 호' 만큼 멋들어진 트레일러가 아니기는 해도 싱글 여자 둘이서 각자 키우는 개들을 자동차에 태우고, 기타를 챙겨 떠났으니 낭만으로 따지자면 뒤질 것도 없었다.
그렇지만 현실은 우리가 상상하던 것과는 달라도 너무 달랐다. 문제의 핵심은 낭만의 표상인 줄로만 알았던 우리의 개들에게 있었던 것이다. 두 여자는 화장실 가는 것부터 시작해 무엇이든 교대로 해야만 했는데, 낯선 곳에서 주인을 잃은 멍한 표정으로 불안해하는 개들 때문이었다.

바닷가에 도착했을 때 8월의 폭염 속에 이미 지쳐버린 미니, 구름, 달자의 표정은 딱히 행복해 보이지 않았다.
모래사장에 구름이를 풀어놓았을 때 녀석은 바다가 무서웠는지 내 품을 벗어나질 않았고, 달자는 장소와 상관없이 참 꾸준하게도 짖어댔다.
휴가 시즌의 끝자락에 어렵게 떠난 여행에서 개 주인들도 개들도 모두 뻗어버렸다.
여행이 기록의 산물이 아니라 기억의 산물이라고 하더라도 함께 여행하면서 멀쩡한 몰골로 찍은 사진이 몇 장 없다는 것은 아쉬운 부분이지만, 여행 중에 황홀했던 순간들도 더러 있었다.
주문진 사천진리의 '쉘리스 커피'와 양양 남애리의 '커피벨트'에서 마신 커피는 이번 여행의 백미. 커피여행을 떠나온 사람들처럼 우리는 하루에도 몇 잔씩 커피에 취해 있었다.
'쉘리스'의 주인 근영언니 집에서, 친구 소개로 알게 된 '커피벨트' 사장님 숙소에서 각각 하루씩 신세를 지게 되었는데, 삼복더위에 한 방에서 개 세 마리와 혼숙을 하면서도 베개에 머리만 닿으면 금방 곯아떨어졌다.
내가 여행을 떠나기 전부터 달자네에게 노래를 불렀던 주문진의 소문난 횟집 들르기는 이번 여행의 일정 중에서도 가장 핵심적인 부분이었다.
꾹꾹 눌러 담아 나오는 자연산 회를 직접 담근 쌈장에 찍어 시원하게 칠링된 스파클링 와인과 함께 먹었던 순간은, 이 글을 쓰고 있는 지금도 침이 꼴깍 넘어갈 만큼 멋진 향유가 아니었던가 말이다.
또 있다. 남애리 해변가를 마주한 '커피벨트' 야외에 지붕이 있는 그네소파에 앉아 아무것도 하지 않고, 그저 파란 바다만을 바라보며 자다 깨다를 반복했던 몇 시간은 그 어떤 여정과도 바꾸기 싫은 평온함 그 자체였다.

무더위에 차 안에서 고생했을 기타는 체면을 챙겨주기 위해 단 한 번 꺼내 튕겼을 뿐이다.

이번 여행의 하이라이트는 따로 있었다.
마지막 날 드디어 쉴 수 있다는 설렘을 안고 석양을 가르며 집으로 돌아오던 중 서울 진입을 앞두고 내가 그만 엉뚱한 방향으로 핸들을 꺾는 바람에 야밤 국도 미아가 되어버렸던 순간이다. 지금 다시 생각해도 아찔한 기억이다. 배도 고프고, 화장실도 가고 싶고, 잠도 자고 싶어 미치겠는데 가로등 하나 없는 좁은 1차선 도로는 안개까지 끼어 가도 가도 도무지 끝이 보이지가 않았다. 공포 속에서 핸들에 고개를 딱 붙인 상태로 한참을 자동차의 헤드라이트 불빛에 의지해 느린 속도로 운전을 하다가 길 중간쯤 가서야 우리가 있는 곳의 정체를 알게 되었다. 그곳은 집으로 가는 길이 아니라 공동묘지로 향하는 길이었다. 만약 나 혼자 겪은 일이라면 분명 사람들의 빈축을 샀을 만한 TV 속 한여름 밤의 창작 공포 특집 같은 일이 벌어진 것이다.
나는 하얀 소복을 입은 귀신과 눈이라도 마주칠까 두려워 소리를 지르기 시작

했는데, 그 공포를 한 방에 날려버린 소동이 차 안에서 일어났다. 차멀미를 하던 구름이가 하필이면 자동차 기어변형 장치 틈 사이에 정확하게 조준해서 쿨럭쿨럭 토악질을 해대기 시작했고, 아픈 구름이의 몸 위를 달자가 밟고 다니는 통에 차 안이 아수라장이 되어버렸다. 그런 소란 속에 끝이 보이지 않을 것만 같았던 공포의 순간이 사라졌다.

나는 이번 경험을 통해 개 세 마리와 함께 내가 직접 운전해서 떠나는 자동차 여행은 두 번 할 일은 못 된다는 소중한 교훈을 얻었다. 돌이켜 보면 시트콤 한 편을 찍고 돌아온 기분의 스펙터클 여행은 다시 시도하기도 힘든 특별한 기억이지만, 두 사람이 함께 같은 기억을 공유하게 되었으니 이 또한 나쁘지 않다. 장소를 기억할 때 함께한 사람과 보낸 시간은 가장 중요한 키워드로 자리잡는다. 날씨와 음식 그리고 풍경이 아무리 좋아도 함께한 동행자에 따라 그 요소들은 중요하거나 아무것도 아닌 배경이 되어버리는 것이다.

훗날 그때의 시간을 기억할 때 남는 것은 비단 사진뿐만이 아니고, 사진을 바라보며 추억하는 즐겁고 애틋한 시선이겠지.

ⓒ박세연

흘러가다 잠시 멈추는 시간

★

제리코의 단골손님인 발레리아 님은 신랑이 미국으로 장기 출장을 떠나고 없는 3주 동안 친정이 있는 진주에서 두 아들 산이, 수와 함께 휴가를 보내고 있다고 안부를 전해주었습니다.
곧 있을 제리코 낭송회를 위해 따로 준비하고 있는 것이 있는데, 행사가 확정된 것인지 확인 전화를 하신 거였지요. 한 손에는 큰 아들 산이의 손을, 또 다른 손으로는 둘째 수가 타고 있는 유모차를 끌고 산책하면서 낭송회 때 부를 노래를 연습하는 그녀의 모습이 한눈에 그려지는 것 같습니다. 그녀는 낭송회가 열리는 날, 두 곡의 팝송을 준비해서 무대에 오르겠다고 합니다.
이곳에서 누구든 이 여인을 만난다면, 그날만은 두 아이의 엄마로서가 아니라 발레리나를 꿈꾸었던 노래하는 서주연 씨로 그녀를 불러주세요.

Song : You don't bring me flowers anymore.
　　　 Tell me on a sunday
　　　 (발레리아)

낭송 : 여인슈가 (쓸쓸한 날에-강윤후)
　　　 아로미 (밀물 이야기-자작시)
　　　 Joan (일 잘하는 사내-박경리)
　　　 하나와 올리버, (안 생겨요-라디오 사연)
　　　 아기곰 (내가 좋아하는 책 이야기)
　　　 달자네 (아무리 먹어도 배고픈 사람-잔혹동화)
　　　 옥여사님 (예쁘게 꾸미고 무대에서 나를 소개해보기)

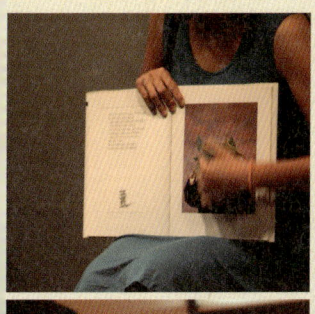

ⓒ강민성

가을
★

ⓒ 김화경

몇 주째 유난히 날씨가 화창한 주말이 지속되고 있다.

축복받은 고장에서 살고 있는 기분이 든다.

드립커피를 진하게 내려 얼음을 가득 채운 유리잔에 부어 오래오래 그 향을 음미하면서 잔을 비웠다. 안아달라고 곡을 하며 조르는 구름이를 들어올려 창가 테이블에 올려놓았다.

분명 아까 날아다니던 벌레를 밟아 '툭' 하고 잡았는데, 그 앞발로 내 오른쪽 뺨을 '톡톡' 건드리고는 달큰해진 혓바닥으로 책장을 넘기는 내 손을 핥고 있다.

서너 개씩 붙어서 떨어지지 않는 얼음조각 같은 녀석.

창밖으로 많은 사람들이 좁은 인도를 점령한 채로 줄 맞춰서 호수공원으로 행진하고 있는 광경이 보인다.

구경하던 나와 눈이 마주친 꼬마가 제리코 창문을 사이에 두고 멈춰 서서 뭐가 그렇게도 재미있는지 숨이 넘어갈 만큼 웃다가 아빠에게 질질 끌려가느라 내 시야에서 사라져버렸다.

아이들의 해맑은 웃음을 보고 있으면 나도 모르게 저절로 입꼬리가 올라간다.

이제 17개월 된 조카 윤서가 얼른 자라서 저렇게 아무것도 아닌 사연에도 고개를 뒤로 젖히고 깔깔거리는 웃음을 보고 싶다.

사람들의 퍼레이드가 끝난 뒤, 나는 제법 봐줄 만한 제리코의 작은 정원으로 나갔다. 올 봄에 미에코 언니가 선물로 준 풍선덩굴이 창을 타고 하늘을 향해 쭉쭉 뻗어나가고 있다. 어제 언니가 다녀갔을 때 "이것이 그때 준 씨앗의 산물이요."라고 자랑한다는 것을 그만 깜박했다.

6월에 선물 받은 석류나무는 누군가 덜 익은 열매를 따가지만 않는다면 석류 수확도 가능할 것 같다.

지난겨울 크리스마스 장식을 위해 구입했던 포인세티아는 분갈이를 해준 이후로 줄기가 더욱 튼튼해졌고, 계절이 두 번 바뀌고 나서는 빨간색 꽃잎에서 초록빛으로 바뀌어 있었다.

조금 전에 여름휴가에서 복귀한 '무지개떡'이 그동안 길러왔던 바람머리를 과감하게 자르고 세련된 숏커트로 변신해서 제리코에 등장했다. 내가 그를 볼 때마다 속으로 수십 번씩 가위질을 했었는데 나의 바람이 하늘에 닿았나보다.

오늘 아침 출근해서 청소를 하느라 미처 확인하지 못했던 문자 메시지에 박태환 만세!라고 되어 있다.

-가난한 여름휴가, 바닥경제, 올림픽, 폭염

올해 여름을 정리하는 키워드였던가.

오늘 오후엔 반드시 기타를 튕길 것이다.

지난달에 구입해서 절반도 읽지 못한 나른한 '라틴소울'도 다시 꺼내 읽어야지.

가을. 내가 제일 좋아하는 계절이 돌아왔다.

제리코에서 두 번째 맞이하는 예쁜 가을이다.

ⓒ김화경

타로의 밤(무엇이든 물어보세요!)

★

밤 11시가 넘어서야 끝이 난 '타로의 밤'.
지인의 생일파티에서 우연히 만난 점성술사를 초대해 타로의 밤 행사를 열었다. 17명이 타로점을 봤고, 호응도는 가히 폭발적이었다.
각자의 차례가 끝나고 기쁘게 돌아가는 사람들을 붙잡고, 어땠냐고 물으면 다들 한결같은 반응을 보였다.
놀라거나 웃거나.
사람들은 능력자 점성술사가 풀어놓는 점괘에 본인들이 듣고 싶은 이야기만을 골라 들은 듯하다.
큰 결정을 내려야 하는 일을 앞두고 고민을 하는 사람들에게 '그 길이 당신 길이요' 라고 용기를 심어주기라고 한 것처럼.
너무 많은 사람들이 궁금증을 한꺼번에 토해내느라 내 차례는 오지도 않았다.
나에게도 누군가가 듣고 싶은 이야기들을 비밀스럽게 해주었으면 좋겠다.
아니, 그냥 편지처럼 종이에 써서 전해주는 것이 더 나을 수도 있겠다.

당신에게도 재물복은 있소!
당신은 앞으로도 쭈욱 인복이 있을 것이오!
당신에게 매력이 넘치는 근사한 남자가 다가오고 있소!!! 라고.

어느 날 문득

★

가끔씩 나의 의도와 상관없이 불현듯 떠오르는 얼굴들이 있는데 내 생각의 끝 언저리에 머물던 그들이 갑자기 이곳으로 들어와서 나를 놀래키는 경우가 몇 번 있었다. 의심할 바 없이 우연이 빚어낸 일이라는 것을 알지만, 소식이 궁금한 사람들이 제리코로 들어서는 공상만큼은 끊임없이 내 머릿속에서 네버엔딩 스토리인 것이다.

오늘 반가운 손님이 다녀갔다. 그가 제리코 문을 들어섰을 때 마치 오래전부터 알고 지낸 사람마냥 나는 반갑게 인사했다.
"어머나, 정말 오랜만이에요."
"기억력이 좋네요."
그는 이전에 제리코의 단골손님과 두 번인가 제리코를 방문한 적이 있었다.
하지만 오늘 그는 혼자였다.
그는 너무도 익숙하게 이곳 사람들처럼 행동했는데, 배가 고팠는지 메뉴판을 훑어보다가 대뜸 그냥 알아서 해달라는 것이다.
오늘은 바람이 불어 티셔츠 하나로는 옷깃을 살짝 여미게 되는 날씨, 손님에게 나갈 스프는 그래서 단호박 스프로 정했다. 가지, 주키니, 양파, 토마토 등등 싱싱한 채소들을 잘 달구어진 석쇠 팬에 구워 두툼한 에멘탈 치즈가 토핑된 구운 샌드위치는 메인 요리다.

그는 작년과 많이 달라진 제리코 이곳저곳을 찬찬히 둘러보더니, 이것저것 질문을 해왔다.

제리코 책장에 본인이 집필한 책이 두 권이나 있다는 것을 그도 알까?

"나중에 여행을 간다면 어디로 가고 싶어요?"

나는 마치 여행을 보내주겠다고 말하기라도 한 것처럼 많은 나라들을 정신없이 나열하다가 마지막에 "북유럽이요"라고 힘을 주어 말했다.

여행 이야기는 언제나 나를 설레게 한다.

공교롭게도 그는 최근 신작 집필을 앞두고 북유럽에 관심을 두고 있었다.

3시간이 넘게 머물다 나가려고 하는 그에게 "안녕히 가세요"라고 말하려던 말이 잘못 튀어나와 "오늘 즐거웠어요"라고 말해버렸다.

맞선을 본 것도 아니고 '오늘 즐거웠어요'라니…… 내가 생각해도 어이가 없었다.

그는 웃으며 "또 봐요"라고 대답하고 나갔다.

그가 나가고 아까부터 바에 앉아 카푸치노를 마시고 있던 여자손님이 제리코에 스태프가 필요한지 물었다.

생각해보니 제리코는 유달리 손님으로 왔다가 직원이 되는 경우가 많았다.

첫 스태프였던 수민 씨가 그랬고, 그 이후로 혜원 씨가 있었다.

그리고, 추석연휴 다음 날부터 동그란 얼굴에 선이 동양적이고 이름이 예쁜 이 아가씨가 제리코의 새 직원으로 일하게 되었다.

그녀의 이름은 김현령이다.

영업의 고수

★

이웃인 그는 몇 번인가 제리코 앞을 지나친 적이 있다.

눈에 띄는 인물까지는 아니더라도 한 번도 제리코에 온 적이 없는 그 얼굴을 내가 기억하고 있다는 사실은, 사방천지 외로운 여인네들이 에워싼 제리코의 입장에서 본다면 의미가 있다.

그는 20대 후반으로 보이는 귀여운 외모의 소유자다.

어느 날, 그가 제리코 안으로 빼꼼히 얼굴만 들이밀고 이곳이 와인을 판매하는 곳인지 물었다.

"네."

짧게 대답을 하고 그를 환대하는데, 그가 "저 와인 영업을 합니다"라고 말하고는 웃는 것이다. 명함을 달라니까 당장 가지고 있는 명함이 없단다.

"무슨 영업맨이 그래요? 명함도 없고."

"하하, 이 동네 살아요. 종종 들를게요."

이렇게 짧은 대화가 오고 간 후, 그는 나가버렸고, 며칠 뒤, 퇴근길에 그가 다시 제리코에 들렀다.

"저…… 와인 한 병 드릴까요?"

이건 쥐약일까? 살짝 고민하다가, 나는 힘차게 대답했다.

"네? 네!"

집에 들렀다 나온 그는 나에게 와인 한 병을 건네면서 "이거 좋은 와인이에요"

라고 덧붙였다.
"아, 고마워요. 잘 마실게요. 잠시만요. 혹시 커피 좋아하세요?"
"아…… 그러지 않아도 되는데…… 잘 마실게요."
와인 한 병을 받아들고 나의 고민이 시작되었다.

1. 나는 지금 와인을 주문해야 한다.
2. 필요하다.
3. 늘 와인을 주문하던 곳 사장님이 바빠서 와인 배송이 늦으니까.

손가락을 까딱까딱거리다가 부득이하게!!! 어쩔 수 없이!!! 그에게 전화를 걸어 와인을 주문했다.

며칠 뒤, 그가 나에게 묻지도 않고 서른 병이나 진열할 수 있는 원목 와인랙을 들고 가게로 들어왔다. 아홉 병 진열할 수 있는 와인랙에 여덟 병이 최대인 제리코에……

"이거 어쩌라구요. 사라구요?"

"아니요. 그냥 쓰시면 됩니다. 필요하실까봐 가지고 왔어요."

이렇게 해서 제리코에 서른 병이나 진열할 수 있는 대형 와인랙이 떡하니 벽 한 면을 차지하게 되었다.

제리코에 들른 마감녀에게 도움을 청해 이리저리 와인랙의 위치를 바꿔가며 옮겨놓고 나니, 제법 폼이 나는 것 같았다. 하지만 몇 분 지나지 않아 달랑 두 병 진열되어 있는 서른 병짜리 와인랙에게 미안해지기 시작해졌다. 고민하다가 칵테일에 나가는 보드카와 진을 맨 아래칸에 채웠더니, 옆에 서 있던 마감녀가 비웃었다.

"빈티 나."

"흥! 누가 그걸 모른대요?"

와인랙을 얻게 된 스토리를 다 들은 달자네는 기어이 나에게 한마디 꽂는다.

"와…… 그 남자 영업 잘하네."

그렇다. 그는 진정한 영업의 고수였던 것이다.

서른 병을 꽂을 수 있는 와인랙을 나에게 가지고 온 것은 누가 보더라도 뛰어난 영업 전략이었다.

며칠 뒤, (순전히 쓸쓸한 와인랙이 안쓰러워서) 나는 와인랙 반을 채울 만큼의 양을 추가로 주문했다.

1. 새 야외 테이블이 생긴 이후로 알코올 주문이 급증했다.
2. 와인이 눈에 보이는 위치에 있으니까 더 잘 나갈 것이다.
3. 매번 제리코 행사 때마다 와인을 둘 곳이 마땅치 않았다.

나는 와인을 부지런히 팔아야만 한다.
- 기필코 양으로부터

10월의 아침

★

새벽 4시를 훌쩍 넘기고 아침이 밝아오기까지 제리코 네모 상자에는 조명이 밤새 켜 있었다. 달자네와 함께 새로운 메뉴판과 제리코 포토앨범을 만든답시고 사진과 종이를 자르고 붙이느라 밤을 지새운 것이다.

옆 가게 오뎅바에서 포장해 온 일본 술 아쯔깡을 홀짝거리며 세상의 갖가지 이야기들을 안주 삼아 긴 수다를 이어나갔다.

너무 일찍 세상을 등지고 떠난 안타까운 여배우의 이야기.

주변에 포진해 있는 찌질한 남자들의 이야기.

일어나지도 않은 공상 속 사건들을 가정하고, 미리 해결 방법에 관해 모색해보기.

공상하기를 좋아하는 내가 이야기를 풀어놓으면 주변 사람들은 작작 좀 하라면서 빈정거리는 편인데, 소재가 '남자'에 한정되어 있는 나에 비해 소재의 다양성으로 따지자면 범우주적이고 판타지한 달자네가 한수 위인 것 같다.

제리코를 마주한 한강 오피스텔에 사는 달자네에 가면 집 창 블라인드 너머로 제리코가 보인다.

이렇게 가까이 살고 있는 이웃과 큰소리도 내지 않고 소곤소곤. 키득키득 가위질과 풀칠 작업을 하는 사이 동이 텄다.

그리고, 드디어 제리코의 세 번째 메뉴판이 완성되었다.

1년 7개월. 역사라 할 것도 없지만, 지나가버린 시간의 기록들을 한 장씩 넘기고 있자니 처음 시작이 언제였나 싶게 아련해져 온다.

Alicia did It

★

그녀 알리샤는 제리코의 손님이자, 나 백마담의 벗 에릭의 연인이다.

작년 가을, 에릭이 제리코로 그녀를 데리고 와서 소개시켜주었을 때, 나는 인사를 하기 위해 고개를 한참 올려다보아야 했다. 에릭보다도 큰 180센티미터의 장신에 인형처럼 작은 얼굴과 모델처럼 쭉쭉 뻗은 몸매를 보고 질투심에 불탄 나는 그녀 앞에서 참 가식적으로 친절했다.

에릭으로 말할 것 같으면 마감녀와 쌍벽을 이룰 만큼 오래된 제리코의 초기 손님으로 한국 생활 5년차에 된장찌개를 좋아하고 특유의 다정다감한 성격과 좋은 매너 때문에 주변에서 인기가 많다.

고백하건대, 에릭을 처음 봤을 때 나는 그에게 호감을 느꼈었다.

그에게 어느 날 데미안 라이스Demien Rice의 앨범을 선물받았을 때만 하더라도 둘 사이에 뭔가 애정의 씨앗이라도 싹트는 것이 아닌가 기대를 한 적도 있었지만, 정작 내가 사랑에 빠진 남자는 에릭이 아니라 데미안 라이스였다.

현재 우리는 서로의 이성 문제를 상담할 수 있을 정도로 Friend Zone(나는 우정의 가장자리라 표현하고 싶다)에 깊숙이 들어와 있다.

얼마 전 에릭은 나에게 몇 년 만에 싹튼 연애감정에 대해 털어놓았는데, 그 주인공이 알고 보니 알리샤였다. 하지만 지금까지도 그녀와 나는 너무하다 싶을 만큼 서로에게 무신경하다.

우리 사이에 흐르는 묘한 기운은 그녀 입장에서는 무관심일 수 있고, 나에게는 괜한 시기를 부리는 혼자만의 신경전인지도 모르겠다.

매번 제리코에 있는 에릭을 찾아와선 잠시도 머무르지도 않고 함께 나가는 알리샤가 얄미웠다.

나는 이렇다 할 단점을 찾을 수 없는 에릭의 아름다운 연인에게 그동안 관심을 표현하지 않았는데, 정작 그녀가 나에게 너무 무관심했던 것이 서운함을 키운 원인이었던 듯도 하다.

그러던 어느 날, 썰렁한 두 여자 사이가 조금 신경 쓰였던 에릭은 나와 대화를 하던 중에 밑도 끝도 없이 말했다. "She loves you!!!"라고.

정말이지 남자들의 대책없는 단순함은 동서양을 막론하고 똑같은 것 같다.

순식간에 나를 밉상 시누이로 만들어버린 에릭을 흘겨보다가 이런 나 자신이 유치해져서 못된 마음을 고쳐먹기로 결심했다. 불친절한 시누이 이미지를 벗기 위해 조금씩 그녀에게 다가가기로 한 것이다. 게다가 알리샤는 작년 겨울 몸이 아파 캐나다로 갑자기 돌아간 조나단의 오랜 친구가 아니었던가!
최근에 두 사람이 함께 차를 마시러 왔을 때, 정신 사나운 구름이를 그녀가 오랫동안 안아준 이후로 나의 마음이 찬찬히 녹고 있어 다행이다.
그런 그녀가 이번 주에 '미녀들의 수다'에 출연한다.
한국인 친구가 별로 없는 알리샤에게 내가 나서서 대본 리딩을 도와주었는데, 한국어를 모르는 상태에서 외우듯 읽어 내려가는 대사가 자연스럽지가 않아 실감나는 리액션을 위주로 맹연습 중이다.
친구들 모두 모여서 근처에 있는 술집 'Frog and Toad'에서 함께 미수다를 관람하기로 했다.
이럴 때 제리코에 TV가 있었더라면 좋았을 텐데 조금 아쉽다.

모냥빠진 커피집

★

ⓒ 윤혜라

아침 산책길에 우연히 만난 이웃에게서 농담 같은 이야기를 전해 들었다.
가끔 들르는 카페 앞을 지나가는데 그 카페의 주인이 너무도 다정한 목소리로 반갑게 인사하면서 "커피 한잔 드시고 가세요"라고 하더란다.
커피집에서 공짜로 커피를 얻어마시는 게 겸연쩍으면서도 한편으론 그것을 단골에 대한 특별한 호의로 여겨 들어갔더니 단순한 호객이었다며 이웃은 돈을 받은 카페의 사장을 어이없어했다.
나는 민망해졌을 이웃의 표정이 연상되어서 키득거렸다.

오늘 갑자기 떨어진 샌드위치 재료 때문에 마트에 가서 장을 보느라 카페를 잠시 비우고, 짧은 메모와 연락처를 남기고 나갔다 왔는데 돌아오는 택시 안에서 보니 손님이 보낸 문자가 두 통이나 와 있었다.
'거짓말쟁이, 8시까지 온다면서요'. '옆의 손님과 함께 기다리고 있습니다.'
나를 기다리는 손님들이 나란히 서서 아침에 들었던 이야기와 비슷한 종류의 카페 뒷담화를 하고 있을 것을 상상하니 택시 안에서 또 웃음이 터져버렸다.

오늘은 커피집에 원두 선물만 세 번이라는 요상한 우연이 겹친 기록적인 하루이기도 하다.

카페 제리코

To. 건너편 이웃님께

★

초면은 아니었고, 그렇다고 통성명을 한 사이도 아닌데 아무 연고도 없는 저녁 모임에 갑작스럽게 초대를 받고 놀라셨나요?
게다가 낭독할 편지까지 써와야 한다는 말에 정신 이상한 여자라고 생각하시진 않았나 모르겠네요.
제 입장에서는 조금 실망스러운 반응이었어요. 뭐랄까. 살짝 배신감이 들었다고나 할까요?
미니가 그려진 멋진 스티커 명함을 당당하게 내밀며 "제리코에서 왔어요"라고 말하려 했는데 이미 제가 누구인지를 다 알고 계셨다니요. 찌찌뽕의 습격을 당한 패배자의 기분이 들었답니다.
한 가지 말씀드리지 않았던 사실이 있어요.
제가 그렇게 갑작스럽게 찾아간 것도, 특별한 저녁 모임에 초대한 것도, 낭독할 편지를 써오라고 한 것까지도…… 이미 이렇게 될 것이라는 것을 제가 예상하고 있었다는 거예요.
제리코와 그 약국이 좋은 이웃이 될 것이라는 걸.
저도 사람 봐가면서 말을 거는데, 편지를 써오라고 했을 때 보통 사람들과 사뭇 다른 반응을 보이시더군요. 다른 별에서 오신 것 다 알아봤답니다.

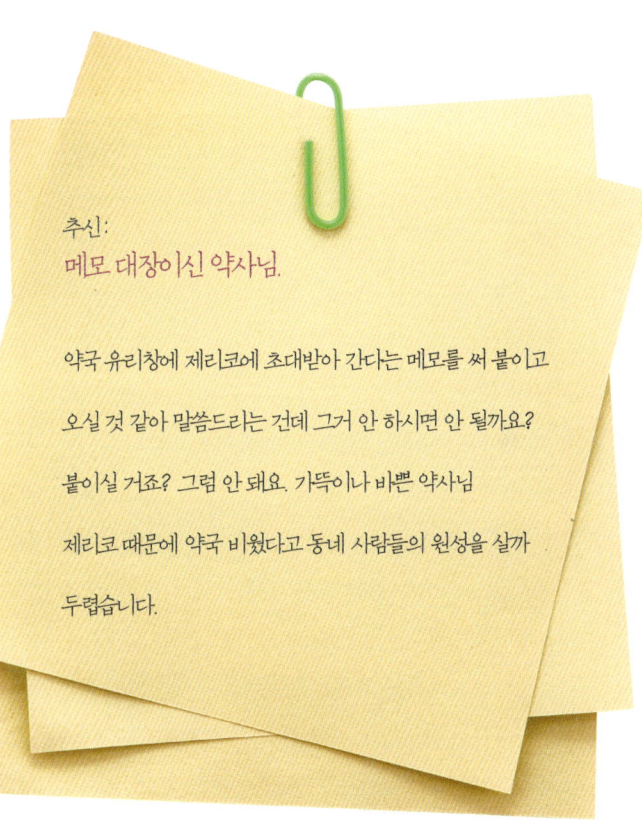

추신:
메모 대장이신 약사님.

약국 유리창에 제리코에 초대받아 간다는 메모를 써 붙이고

오실 것 같아 말씀드리는 건데 그거 안 하시면 안 될까요?

붙이실 거죠? 그럼 안 돼요. 가뜩이나 바쁜 약사님

제리코 때문에 약국 비웠다고 동네 사람들의 원성을 살까

두렵습니다.

가을편지

★

나는 결국 노래 말미에 가사를 잊어버리고야 말았다.
그렇게 될 줄 예상은 하고 있었지만, 죽도록 연습하고서 막상 틀리고 나니 이런 건망증으로 가수가 되지 않은 것이 천만다행이라는 생각이 든다.
약국 청년은 기어이 제리코로 온다는 메모를 유리창에 붙이고 왔다.
내가 오늘 아침 늦잠을 잔 관계로, 내 눈으로 직접 확인하지는 못했지만, 제리코의 손님들 또한 그 약국을 드나드는 터라 이미 내용은 내 귀에 들어왔다.
사랑방 손님들에게 '가을편지' 라는 주제를 무심히 던져놓았을 때, '이젠 하다 하다 별 짓을 다 한다' 는 원망을 사고도 꿈쩍하지 않았는데 고맙게도 사람들은 모두 그 약속을 지켜주었다.
사실 약속을 지키기 위함이라고 말하기는 했지만, 다들 못 이기는 척하면서도 뒤에서 은근슬쩍 많은 준비를 했던 것이 눈에 보였다. 쓰기 싫은 편지라고 하기에는 그 내용들이 하나같이 처절하게 와 닿았으니까.
낭송회라는 공포스러운 자리에 처음으로 참여해서 낯간지러운 편지를 온몸으로 오글거리며 낭송한 마감녀의 용기에 잔잔한 박수를 보내고 싶다. 그녀는 낭송을 하느니 차라리 백마담 원피스 코스프레를 하겠다고 큰소리쳤었다.
애초부터 어떤 구체적인 계획 없이 '편지-시간' 이라는 구도를 막연하게 떠올리고 시작한 일이었다.
10년 전 새 점을 본 점괘가 적힌 종이를 오래된 책에서 우연히 발견하고 읽어

준 편지, 과거의 연인에게 보내는 편지, 미래의 연인에게 보내는 편지, 멀리 외국에 사는 친구에게 보내는 눈물의 편지. 제리코에 보내는 감사의 편지, 제리코의 사랑방 손님들에게 보내는 편지……

편지의 내용은 어제 이 자리에 함께했던 주인공 10명의 고유한 공유물로 남겨둘 것이다.

마음에 묵혀둔 각자의 이야기들은 편지를 쓰는 동안, 그리고 낭송을 하는 동안, 훌훌 털어버렸을까? 마음의 짐이었거나 소망하던 것들을 밖으로 꺼내놓는 순간 기분이 어땠을지 궁금하다.

무대공포증이 있는 달자네는 얼굴이 벌게진 상태로 기타 연주와 노래를 선보였다. 그녀 스스로 만족할 만한 무대는 아니라고 했지만, 관객들의 반응만은 최고였다.

올해 초에 결심했던 것을 드디어 이룬 기쁨은 말할 수 없이 뿌듯하지만, 사람들이 나의 기타 연주와 노래만은 부디 잊어주었으면 좋겠다.

겨울

★

네. 맞습니다. 커피집.

음식 주문이 60% 이상인 커피집.

캐주얼하게 알코올도 섭취할 수 있는.

리틀 백마담

★

나는 꽤 바람직한 직원과 함께 일하고 있지만, 직원 입장에서 생각했을 때 내가 바람직한 사장인지는 잘 모르겠다. 가끔 나는 그녀에게 못할 짓을 시킬 때가 있고, 오늘만 해도 벌써 두 건이다.

오늘 낮에 동네 마트에서 사온 가지가 상태가 좋지 않아서 바꿔 오라고 했는데, 가지를 교환하러 마트에 간 현령 씨가 씩씩대는 목소리로 조금 전에 전화를 했다.

"이곳에서 상한 가지를 판 적이 없다고 막 우기는 거 있죠."

전화 수화기 너머로 마트 직원과 현령 씨가 옥신각신하고 있는데, 왜 하필 그 타이밍에 내가 가지를 사온 마트가 그곳이 아니었다는 사실이 기억난단 말인가! 왜!

사실을 그대로 알려주면 현령 씨가 당황해할 것 같아서, " 뭐 어쩌겠어. 그냥 얼른 와" 하고 가지를 제대로 살피지 못한 나를 탓하듯이 말했다.

돌아온 현령 씨에게 사실을 고백했을 땐 이미 사건이 종료된 후였지만, 그녀는 동네 창피해서 다시는 그곳에 못 간다고 나에게 선언을 했다.

어제는 카페 마감을 하다가 내 발 밑을 지나가는 집게벌레에 놀라 기겁을 하고, 급한 대로 장식용 깡통으로 살짝 덮어놓고 도망가버렸다. 출근해서 생뚱맞게 뒤집혀 있는 깡통을 보고 다가갔는데, 그 위에 써진 '벌레 조심'이라는 메모를 발견하고 어이없어했을 그녀의 표정을 상상하면 부끄럽고 미안해진다.

현령 씨는 커피집 직원으로 일하면서 벌레까지 처리해야 하는 신세를 한탄할까? 대외적인 이미지와는 전혀 다른 백마담의 괴팍함과 실체를 바로 옆에서 매일같이 보는 그녀가 부디 제리코가 폐업하는 날까지 일해줘야 할 텐데 나는 그게 걱정이다.

손님들이 때때로 '리틀 백마담'이라 부르는 현령 씨는 내가 잘하는 건 못하면서, 내가 못하는 건 따라서 못하는 치명적인 점도 있어 상호보완이 어려울 때도 있지만, 종종 벌어지는 이와 비슷한 일들에 있어 희생양이 되어주기도 한다.

제리코와 깊은 사랑에 빠져 있는 그녀는 다행스럽게도 이런 나에 대해 빨리 파악한 것 같아 고맙다.

크리스마스 캐럴

★

올해 들어 처음으로 조나단의 크리스마스 캐럴을 틀었다.
작년 이맘때 즈음에 조나단이 선물로 주고 떠난 CD.
조나단의 캐럴은 식상하지도 않지만 혼자 있을 적당히 멜랑콜리해지는 멜로디가 조합된 일렉트로닉 사운드의 캐럴집이다.

오래둔 커피처럼 식은 내 마음은 벗을 향한 그리움으로 조금씩 뭉클해진다.
편지를 쓸게. 전화를 할게.
어느 것 하나 지킨 약속이 없지만 오늘은 정말 못 견디게 그의 안부가 궁금하다.
건강히 꼭 살아 있으렴.
언젠가 멀리 있는 벗이 너를 보러 그곳으로 갈게.

성탄절 감상

★

올해가 가기 전에 시집을 가는 것이 새해 소망이었던 희진낭자.
5년째 그 소망을 이루지 못한 현실을 비관했던 것일까?
이날, 청하지도 않았던 그녀의 갑작스러운 플롯 연주는 어딘가 한이 서린 느낌이 강했지만, 사진으로 보니 서럽게도 다들 딴짓이다.
크리스마스에 따로 계획이 없는 손님들과 함께 크리스마스 캐럴 파티를 열었고, 다들 약속이 있어 쓸쓸한 송년회를 보내면 어쩌나 했는데 나의 우려가 무색하게 스무 명도 넘게 모인 것이다.
이렇게 많은 사람들이 모일 줄 알았더라면 좀 더 근사한 파티를 준비할 걸 아쉬움이 남는다.

크리스마스이브에는 미니구름이와 오붓하게 집에서 시간을 보냈다.
구름이의 하얀 배를 얼굴에 갖다 대고 영화 비포 선라이즈의 시나리오를 읽다가 잠이 들었다.
오늘은 성탄절.
친구들에게 Just because it's christmas 라는 핑계로 전화를 걸어 안부를 전했다.
멀리 호주에서 한여름 크리스마스를 보내고 있을 내 소울메이트 알리스가 그리웠다.

니코스 카잔차키스의 '그리스인 조르바' 중 한 구절이 떠오르는 평화로운 밤이다.

나는 행복했다고 스스로에게 읊조렸다.
이것이야말로 진짜 행복이다.
아무런 야망을 품지 않는 것,
모든 야망을 품은 듯 말처럼 열심히 일하는 것,
사람들로부터 멀리 떨어져 사는 것,
그들을 필요로 하지 않되 여전히 사랑하며 사는 것,
크리스마스 파티에 들러 마음껏 먹고 마신 다음
잠든 사람들 사이에서 홀로 빠져나와,
머리 위의 별들을, 왼편의 뭍을, 오른편의 바다를
모두 내 것으로 품는 것.
가슴속에 문득 그것을 깨달을 때,
삶의 마지막 기적이 이루어졌고
그것은 동화처럼 아름다운 이야기가 되었지.

— 니코스 카잔차키스의 '그리스인 조르바' 중에서

THE 3ND YEAR

세 번째 봄

Be My Guest

★

사람들에게 제리코는 어떤 공간일까?
누군가는 'Secret Garden'이라고 표현했는데 혼자만의 비밀스러운 공간을 아무에게나 알리고 싶지 않다는 의지가 느껴졌다.
"저는 제리코에서 조용히 혼자 보내는 시간이 너무 좋아서, 솔직히 많이 알려지지 않았으면 좋겠어요. 사람들로 꽉 들어찬 제리코는 어딘가 어울리지 않잖아요."
'그럼 전 돈은 언제 벌죠?'
아, 물론 이렇게 대놓고 대꾸한 적은 없다.
누군가의 비밀스러운 공간. 이것은 카페 제리코의 가장 큰 딜레마이자 비즈니스의 한계처럼 느껴진다.
또 다른 누군가는 외국에 살고 있는 친구에게 "나 지금 어디게?"라며 뽐내듯 묻고는 제리코 벽화를 배경으로 서서 한참동안 영상통화를 한 적이 있었고 나는 그 모습을 지켜보면서 흐뭇했다.
제리코를 한번 다녀갔다고 모두가 마음에 들어 하는 것은 결코 아니며 이곳에도 무례함의 끝자락을 달리는 고수들 방문이 없지 않다. 무례함으로 말할 것 같으면 여러 방식의 무례함이 있고, 참을 수 없을 정도로 꼭지가 돌 때도 있지만, 손님의 의도와는 상관없이 나 혼자만 기분이 상할 때도 있다.
대표적인 예로 이미 한 잔을 걸치고 온 중년의 여인이 제리코의 위치를 묻는

ⓒ오민경

다른 일행과의 전화 통화에서 설명이라고 한답시고 "여기 왜 주차장 앞에 장사 안 되는 작은 카페 있잖아"라면서 카페가 떠나가도록 친절하게 제리코가 대박집이 아님을 알려주었던 일화가 있다.

테이블 아래 아기 똥기저귀를 두고 가는 행위는 무례함이 아닌 무식함으로 여기고 잊으면 되는 것이고, 두 명이 와서 한 잔만 주문하고는 가방에서 주스를 꺼내어 담아 마실 잔을 요구했던 경우는, 넓은 마음으로 미성숙한 매너를 눈감

아주면 그만이다. 불특정한 다수의 사람들을 대하게 되는 직업의 특성으로 본다면 이 정도 스트레스는 충분히 감수할 수 있는 부분이다.

기억에 남는 손님은 이루 헤아릴 수 없지만, 그중에서도 으뜸은 일주일 내내 하루에도 수십 번씩 드나들었던 일수대장인 듯 보이는 조폭 아저씨 그룹이라고 하겠다.

돈을 빌린 동네 업주들을 순서대로 불러 언제 돈을 갚을 것인지 종용하는 무서운 장면에서는 매상을 생각하면야 'so great case'였지만, 분위기로 말하자면 'terriblly bad case'였다.

"저…… 여긴 금연이고 또 북카페라 편하게 말씀 나누시기 불편하실 텐데 옆 건물에 넓고 흡연이 가능한 카페가 있습니다"라고 다른 장소를 유도해봤지만, 의외의 답변이 돌아왔다.

"하하 전 이곳이 좋아요. 금연이고 조용하고 딱인데요."

그들이 돌아간 뒤, 비밀스럽게 물어온 동네 업주들에게 나는 결단코 그들과 아무런 커넥션이 없다고 설명하느라 종일 진땀을 뺐던 기억도 Terrible!

하지만 이곳에 드나드는 사람 좋기로 소문난 손님들은 또 얼마나 셀 수 없이 많은가. 매일같이 피곤한 몸을 이끌고 출근하는 길이 힘에 부치다가도, 기분 좋은 청량제처럼 나를 위로해주는 것도 사람의 힘이요, 원할 때는 언제든 뽑아 마실 수 있는 커피 또한 뿌리칠 수 없는 유혹이다.

미래의 어느 날 카페를 경영하는 것이 로망이라고 말해왔던 마감녀, 제리코를 알게 되고 가까이에서 실체를 마주한 이후로 더 이상은 상큼한 꿈을 꾸지 않는다. 이럴 때 나는 그녀에게 감사 인사를 받아야 하는 것일까, 아니면 허망하게 깨진 그녀의 꿈을 토닥거려주어야 하는 것일까.

내 보기에 바람직한 그림이거나 아니거나 수만 가지 스토리가 만들어지는 이곳은 카페다.

털실과의 작별

★

뜨개질에 심취해 있는 사이에 2008년의 겨울이 훌쩍 지나가버렸고, 더 지독한 추위와 함께 2009년이 시작되었다.
이번 겨울의 마지막 작품은 남은 털들을 모아 만든 스무 조각의 가로형 러그다. 나는 오늘밤까지는 이것을 완성할 것이고, 내 보금자리로 가지고 갈 것이다. 어느 날, 욕심쟁이 구름이가 나의 작품을 해체할 날이 올지도 모른다. 그러면 분노심에 불탄 나는 구름이의 목을 아주 잠깐 동안 조를 것이다.

사람들은 나에게 왜 그렇게 열심히 뜨개질을 하느냐고 묻는다.
내가 뜨개질을 하는 것에 취미 말고 다른 의미는 없다. 다양한 색감의 털실들을 배합하면서 만들어내는 완성품은 생각보다 꽤 즐거운 미술 활동이었다. 공

들인 노력과 시간을 투자해 완성품을 만들어내는 행위는, 같은 시간 노력과 노동을 투자해도 풀리지 않았던 현실 속에 갇힌 마음의 실타래를 천천히 풀어주기도 했다.

내일부터는 스무 조각 러그를 끝으로 조각나고 해이해진 마음을 다독거려주던 뜨개질 작업과 이별을 고하고, 푸르른 새싹들이 돋는 봄이나 마음껏 상상해야겠다.

빨간 코트와 바꾼 어떤 것

★

지난주에 제리코의 한 손님으로부터 뜻밖의 편지를 한 통 받았다.
봉투를 뜯어보니, 그 안에는 짧은 메모와 함께 금일봉이 들어 있었다. 편지의 내용은 평소에 사고 싶었던 빨간 코트를 마음에서 접고, 그동안 큰 위안이 되어준 제리코를 위해 선물을 하고 싶다는 것이었다. 기쁨을 만끽하기도 전에 지금껏 내가 손님들 앞에서 제리코를 경영하는 것이 힘에 부친다고 티를 냈던 것은 아니었는지 당혹스러운 마음부터 들었다. 하지만 나는 조금 단순하게 생각하기로 하고 제리코를 아껴주는 손님의 진심을 있는 그대로 감사히 받아들이기로 했다.
제리코에 전하는 감사의 편지 내용에 감동받아 혼자 주책맞게 훌쩍거리고 있다가 새롭게 등장하던 손님에게 들켜버리고 말았지만, 그때부터는 이미 즐거

운 고민을 시작해도 좋을 타이밍이었다. 흔적 없이 사라질 게 뻔한 그 돈으로 무엇을 하면 좋을까 며칠 동안 고민하다가, 돈을 조금 더 보태서 4구짜리 가스오븐레인지를 들여놓기로 마음먹은 것이다.

그리고 며칠이 지나 오늘, 제리코의 주방에는 익명을 요청한 손님이 후원해준 실버 프레임의 가스오븐레인지가 반짝반짝 빛나고 있다.

사랑방 손님들은 요리책을 뒤적거리며 찾은 음식들을 종이에 적어 나에게 내밀기 시작했다.

아직 새 기계에서 나는 냄새가 채 빠지지 않은 오븐을 가동할 마음의 준비도 안 된 나에게 사람들이 주문한 음식들은 다음과 같다.

옥여사님은 스테이크, 마감녀는 하이디의 흰빵, 달자네는 부드럽고 담백한 스콘, 하나와 올리버는 치즈가 듬뿍 올라간 오븐 감자 요리, 붕어는 채식주의자 요리를 주문해왔다.

어쩌면 그렇게도 다양한 요리들이 쏟아져 나오는지, 오븐 소식을 들은 대다수 손님들의 반응은 '매우 기쁨' 그 이상으로 구체적이어서 나는 '픽' 하고 웃음이 나왔다.

하지만 사람들의 지나친 기대심리에 대한 반감이었을까?

주문 종이를 읽어내려 가다가 베이킹을 시작하는 진지함과는 무관하게도, 오븐 위에 장착된 그릴에 삼겹살을 구워먹는 웃지 못할 상황이 연상되었다.

내 이런 불안한 예감이 현실이 되지 않기 위해 삼겹살 타령만은 혼자 간직해야겠다.

"감사합니다. 건강한 음식들로 보답하겠습니다."

함박눈
★

텅 빈 주차장을 무대로 구름이와 미니가 뛰어다녔다.
토끼귀로 주차장을 날아다니는 구름이를 카메라에 담기 위해 셔터를 여러 번 눌러댔지만, 화면 속엔 눈을 제외하고는 어떤 흔적도 남아 있지 않다.
눈발 날리는 호수공원의 한가운데에 서서 눈 발자국을 하얀 땅에 새기면서 문득 새해 소망을 빌고 싶어졌다.
새해엔 청혼 받게 해주세요……

파리화가

★

나의 상상은 좀 근사했다.

파리화가가 이곳을 드나들 때마다 언제나 분신처럼 그 책과 함께였다. 커피를 다 마시고 계산을 하고 나갈 때면, 지갑에서 필요한 만큼의 돈을 뺀 뒤, 그 책에 돈을 넣었다가 책갈피에서 돈을 빼서 나에게 전해주는 방식이었다.

나는 일종의 의식처럼 독특한 그의 행동이 마음에 들었고, 알 수 없는 경외심마저 들었다. 계산을 하려고 내 앞에 설 때마다 그의 책만 뚫어져라 쳐다보게 되었는데, 그러다 문득 그가 다른 곳에서 계산을 할 때에도 그 방식을 고수하는지 궁금해지기 시작했다. 마트에서 계산할 때 그렇게 하는 장면을 상상하면서 혼자 키득거리기도 했지만, 다음에 보게 되면 용기 내서 물어봐야겠다고 생각했다.

어느 날 그가 계산을 하고 잠시 서 있는 동안 나는 그 책을 좀 더 자세히 들여다보고 싶었고, 그에게 정중히 허락을 구한 뒤, 테이블 위에 책을 올려놓고 사진을 찍었다. 사진을 찍고 책을 돌려주면서 그런 행동에 특별한 이유가 있는지 조심스럽게 물었다.

"내가 좋은 인상을 받은 곳에서만 이렇게 해요. 돈을 받는 사람이 기분이 좋을지도 모르니까요."

파리화가는 오십대 후반으로 파리에서 30년 넘게 살고 있는 파리지앵이며 한국에 잠시 나와 대학에서 한 학기 동안 그림을 가르치고 있는 화가라고 자신을 소개했다.

계절이 바뀌고, 더 이상 파리화가는 이곳을 찾지 않는다.
내 카메라 메모리 카드에 남아 있는 파리화가의 책을 보고 있자니, 화가인 그와 고갱이 주인공인 책의 이미지가 오버랩되어 멜랑콜리하면서도 낭만적인 파리지앵의 분위기가 연상되었다. 파리화가는 곧 잊혀지겠지만, 특별한 그 의식만은 오래오래 내 기억에 남을 것 같다.
언젠가 내가 그만의 의식을 흉내낼지도 모를 일이지.

빛나라 오븐

★

세상에서 가장 친절하다는 홈베이킹 책을 참고로 셀프 베이킹을 시작했지만, 제목과는 달리 나에겐 전혀 친절하게 다가오지 않았다.

'굴림용 달걀 흰자 적당량' 이런 식의 난해한 설명은 베이킹을 하고 싶은 사기마저 저하시킨다. 굴림용은 뭐고 적당량은 어느 정도가 적당하다는 말인가! 괜히 책을 탓하고 있지만, 매뉴얼을 읽는 것을 극도로 싫어하는 내가 한 치의 오차도 허용하지 않는 베이킹의 세계에 발을 들였다는 사실 자체가 모순이다.

내가 공개적으로 처음 시도한 크림치즈 레몬 파운드 케이크는 아깝게도 크림치즈와 레몬의 맛이 완전히 분해되었고, 시식을 기다리고 있던 사람들은 맛을 보자마자 입을 맞추어 말했다.

"오~ 이건 술빵?"

옆에 있던 달자네가 위로라고 던진 한마디는 "그래도 평소에 빵을 안 먹는 미니가 아주 잘 먹네요"였다.

몇 시간 동안 베이킹에 집중하느라 두통마저 생긴 나에게 실망만을 안겨준 결과물을 한쪽으로 치워버리고, 지금 내게 간절한 실크같이 부드러운 거품의 촉촉한 맥주를 들이키면서 생각했다.

'시식 멤버를 바꾸어야겠군.'

나의 다짐

★

생각해보니 나는 몇 년째 신년 계획을 따로 세우지 않았다.
영화 '브릿짓 존스 다이어리'를 다시 보게 된 것을 계기로, 궁색하지만 이참에 새해 다짐을 종이에 써서 벽에 붙였다.

1. 아침산책은 진짜 아침에 한다. (아침이 아니면 오후산책이라고 부를 것.)
2. 방구석 어딘가에 있는 셀프 기타 교습 책을 찾을 것.
   (노래가 좋다고 무조건 곡 선정을 하지 말 것이며 수준에 맞는 곡을 골라 연습할 것.)
3. 휴가 날짜를 미리 정하고 그것을 목표로 정해 저축할 것.
   (이번 휴가엔 필히 개들을 맡기고 떠날 것!)
4. 아침에 일어나면 습관적으로 한 컵의 물을 마시고 화장실로 가서 거울을 보고, 도라이바 서영희 버전으로 소리 나게 웃으며 외칠 것.
   You deserve it!!!!
5. 쉬는 날은 제대로 쉬어줄 것.
   (절대로 가게에 나와 컴퓨터를 켜지 않는다.)
6. 손님들에게 웃으며 좀 더 상냥하게 대할 것.
   (그리하여 나의 첫인상이 무서웠다는 진정 무서운 소리는 더 이상 듣지 않도록 노력할 것.)

7. 카페 제리코의 존재감을 알릴 수 있도록 홍보할 것.
   (2년이 넘도록 커피를 파는 곳인 줄 몰랐다는 소리는 이제 그만!)
8. 저주받을 야식 모임을 먼저!!! 주선하지 않을 것.
9. 제리코의 비정기적 행사를 정기적으로 도모할 것.
   (선입견을 깨고 밤이 아닌 주말 낮으로 바꿔 추진할 것.)
10. 누가 소개팅 주선을 해준다고 하면, 군말 말고 납작 엎드려 "네 감사합니다"라고 할 것.

갈매기의 꿈

★

건강상의 이유로 캐나다로 돌아간 조나단에게서 오늘 아침 전화가 걸려왔다. 마지막으로 통화한 것이 6개월 전이었던가. 아님, 1년 전이었던가. 메모를 해 두지 않는 부분들에 대해서는 도통 시간관념이 없어진다.

조나단의 목소리는 예전에 비해 한층 밝고 건강한 울림이 느껴졌다. 그는 현재 밴쿠버의 빅토리아 섬으로 이주해서 살고 있고, 교실이 두 개 딸린 사무실을 혼자 힘으로 보수공사해서 외국인 학생들에게 영어를 가르치는 일을 시작한 지 이미 8개월째라고 했다.

수화기 넘어 그의 연인이 나에게 인사를 전해왔다. 조나단의 애견 허드슨에 관한 이야기도 들었다. 공기 좋고 아름다운 빅토리아 섬에서 새롭게 꾸린 그의 삶이 씩씩한 목소리를 통해서 나에게도 전해지는 것 같아, 오늘 아침은 운 좋게도 별 다섯 개짜리 시작이다.

그들은 나를 밴쿠버 빅토리아에 있는 자신들의 보금자리로 초대했다.

살아 있는 동안은 언제나 그곳을 생각할 것이다. 언제 짐을 꾸리고 친구를 보러 떠날 수 있을지 모르지만, 그때가 언제라도 내가 건강하게 살아 있는 현실을 감사할 수 있게 만들어준 조나단을 마음속 깊이 사랑하게 되었다.

멀리 있는 친구도, 한국의 나도 이렇게 건강하게 살고 있다.

조나단을 만나게 되면 빅 허그Big Hug를 반드시 해주어야지.

그런 영화 같고 농담 같은 일들은 언젠가 현실이 된다.

살다보면.

통화를 한 지 30분이 지났을까? 기분 좋은 모닝콜을 끊고 시계를 보니 아침 7시 30분이다. 이불을 박차고 일어나 책장 속에 묵혀두었던 앨범을 뒤져서, 오래전에 출장을 떠나 빅토리아 섬을 배경으로 찍은 사진 한 장을 찾아냈다.
나는 사진을 책상 위 벽에 붙이고, 나즈막이 소리 내어 불러보았다.
'Victoria.'

자아실현을 꿈꾸면서 고단한 비행을 감행 중인 조나단을 응원하며.

그날 밤 그 거리

★

쳇, 이제 사람들은 시식 전에 맛이 있는지부터 물어보고 옆에서 맛있다고 확인시켜줘야 먹는다.

어제 샤블레 쿠키를 위해 반나절 동안이나 숙성시킨 반죽의 결과물이 시커멓게 탄 건빵이 되어 나왔다. 이 정체불명의 부산물을 사람들이 보기 전에 얼른 오븐에 다시 넣고 그대로 덮어버렸는데, 오늘 아침 청소를 하다가 건빵을 발견한 현령 씨가 나에게 문자를 보내왔다.

'사장님 이것을 버릴까요?'

레시피를 싫어하는 나를 향한 마지막 경고 같아 앞으로는 말 잘 듣는 제빵사가 되기로 결심했다.

오늘은 시나몬 롤을 구웠고, 이스트를 넣은 빵 반죽은 추운 날씨에는 절대로 발효되지 않는다는 좋은 교훈을 얻었다. 맛을 본 사랑방 손님들은 이제 빈말도 나오지 않는다며 나에게 핀잔을 주었지만, 부풀지 않은 시나몬 롤 미니어처 모양의 과자를 씹으며 갑자기 어울리지도 않게 시나몬 롤의 달인이 되고 싶다는 생각을 했다. 쓸데없다 참.

사랑방 손님들이 해산한 뒤, 야심차게 다시 시도한 시나몬 롤은 실내보다 따뜻한 오븐 안에 넣어 발효도 정상이었고 그 결과물은 예상을 뛰어넘을 만큼이나 먹음직스러워 보였다. 두근거리는 마음으로 시나몬 롤을 오븐에서 꺼내고 있는데, 때마침 반가운 손님이 등장했다. 마치 성공한 시나몬 롤을 축하해주기 위해서 나타난 1인의 관객처럼.

U였다.

오랜만의 방문에 그를 향해 함박웃음으로 반겨주었다.

밤이 되자, 전기히터까지 고장 나 썰렁해진 제리코는 발이 시려올 만큼 급격히 추워졌고, 이런 날씨에 더 이상은 손님들도 들어올 것 같지가 않았다.

창밖으로 눈이 내리는 게 보였다. 한참 눈 구경을 하고 있는데, U가 갑자기 나에게 구원자의 음성으로 데이트를 청해왔다. 밤 8시였다.

설 연휴가 시작되었고, 거리는 촬영이 끝난 영화 세트장처럼 고요했다.

Hot Cookies

★

아직 봄이 오려면 멀었지만 새해 들어 처음으로 바깥 테이블에 손님들이 앉았고, 겨울의 햇살은 유난히 더 반짝거리는 것 같다.
점심시간에 맞춰 밖으로 나온 장항동의 사람들은 모이를 받아먹기 위해 허공으로 부리를 향하는 노란 병아리들마냥 삼삼오오 모여 기분 좋은 해바라기에 한창이고, 나는 평소보다 조금 일찍 점심을 준비해서 한 그릇 뚝딱 해치웠다.

늘 잠시 머물다 가는 네덜란드 청년 노엘.
그는 최근 일본에서 취업 인터뷰를 했고, 그 결과가 나오기까지 지루한 기다림을 떨치고자 요즘 거의 매일같이 서울에서 일산까지 발걸음을 한다. 그리고 그 길에 빠지지 않고, 제리코에 들른다.
노엘이 오는 정오의 제리코는 오븐의 열기로 인해 유리창 전체가 하얗게 김이 서려 있는데, 그는 내가 매일같이 다른 메뉴로 시도하는 빵과 쿠키가 완성되기를 기다렸다가 기꺼이 함께 맛을 봐준다.
노엘이 이곳에 와서 짧게 머물면서 하는 일이라고는 가져온 노트북을 열어 면접의 결과를 알리는 메일을 확인하는 일이 전부로 보였다.
그런데 지난번에 와서는 그가 나에게 이런 말을 했다.
"Do you know why I come to jericho everyday? It's because I want to get good news when I'm here.(내가 매일같이 제리코에 오는 이유가 뭔지 아니? 그건 기쁜 소식을 이곳에서 듣고 싶어서야.)"
어린아이처럼 환하게 웃는 하얀 얼굴의 이 백인 남자가 내게 전하고 있는 낭만 넘치는 언어들은 꼭 영화 대사처럼 들려서 나도 모르게 따라 웃게 만든다. 만약에라도 면접의 결과가 낙관적이지 않았을 때 제리코가 슬픈 소식을 얻은 아픔의 결실로 남을 것 같아 조바심을 갖기는 나도 마찬가지다. 위로에 서툰 내가 여리디여린 노엘과 나란히 앉아 침묵의 시간을 힘겹게 보내는 상상은 미리부터 하고 싶지 않다.

오늘 노엘은 카페에 들어서자마자 빵을 굽고 있던 나에게 반가운 눈인사를 했다.
"I am going to give you some cookies for spring.(오늘 너에게 따뜻한 봄 쿠키를 주려고 들렀어.)"
그에게서 막 구워진 따끈따끈한 CD를 받자마자, 설레는 마음으로 CD를 넣고 플레이 버튼을 눌렀다. 그의 쿠키 속에서 흘러나온 익숙한 사운드는 내가 짐작하지도 못했던 1970년대 한국 대중가요였다. 가수의 이름은 '김정미'.
그녀의 존재를 한국인이 아닌 외국인을 통해 내 생애 처음으로 알게 되는 순간이었다. 노엘의 애청곡인 산울림의 '비비비'(노엘은 삐삐삐라고 부른다)에 이어, 김정미의 노래들이 한 곡씩 흘러나왔다. 노엘의 따뜻한 쿠키에 대한 보답으로 백마담표 머핀을 포장해서 길을 나서는 그에게 선물했다.
방향을 잃은 사람처럼 노엘은 어딘가 불안해 보이기도 했지만, 그의 행선지가 어디든 하얀 손수건 같은 순수한 감성만은 오래오래 퇴색되지 않았으면 좋겠다.

고맙다 제리코

★

긴 하루를 대비해 이른 산책을 다녀왔다.
신나는 발걸음으로 앞만 보고 고속으로 전진하는 미니 구름이의 개구진 뒤통수를 보고 있노라면 햇빛이 주는 건강한 에너지는 식물과 사람에게만 전해지는 것이 아닌 것 같다.
주인인 나는 일 년 중에 절반 이상을 가게에서 고운 햇살 그대로 받고 사는데, 미니 구름에게 아침산책이라도 선사해야지 싶어 매일 아침 산책은 빠지지 않고 나오게 된다.
제리코에서의 일상이 칠백삼십 일하고도 하루 더 지나갔다.
2007년 3월부터 계산하자면 이곳에서 맞는 봄은 두 번째가 아니라 세 번째이다. 근처에 있는 마트에 가서 2주년 축하인사를 엎드려서 챙겨 받고 씩씩하게 가게로 돌아와 손님들을 맞을 준비를 시작했다. 오랜만에 바가 아닌 손님 자리에 앉아 내가 가장 오랜 시간을 보내고 있는 주방을 바라보았다.

ⓒ김화경

2년 동안 감사한 일들이 참 많았는데 제대로 인사 한번 못했구나. 오전의 햇살이 이처럼 예쁜 곳은 어디에도 없지. 식물과 사랑에 빠지고, 동네 식물 고아원이 된 것도 드넓은 창 사이로 비치는 햇살 덕분이었는데……
고맙다 제리코.

이제 가게 안의 식물들이 조금씩 바깥 구경을 시작했다.

시간

김도향

나의 시간을

되돌릴 수 있다면

난 어디로 돌아갈까

그대를 처음 만난 날

아님 모두 나를 축하하던 날

꿈의 시작은 너무나도 멋졌어

그 모든 걸 이뤘다면

난 정말 행복했을까

아님 또 다른 고민에 밤을 지샐까

모두 내겐 소중했던 시절들

단 한순간을 택하기엔 추억이 많아

가슴 한켠 숨어 있는 후회도

내가 흘러갈 세월이 가려주겠지

2주년 선물

★

제리코 2주년이 다가오면서 어떤 공연을 하면 좋을까 고민 중이었는데 카페로 찾아온 친구 소라가 나에게 꼭 들려주고 싶은 노래가 있다면서 CD를 꺼냈다. 작년에 싱글 음반이 나온 가수 '시와' 라고 했다.
그렇게 '길상사에서' 라는 제목의 노래를 듣게 되었고, 낮고 견고한 음성과 잔잔하게 흐르는 기타 소리에 꿈을 꾸듯 시간이 흘렀나보다.

ⓒ윤소라

풍경 소리에 가만히 눈을 감았다. 소라는 내가 좋아할 줄 알았다고 기뻐했다.
"이 친구 누구야? 나 한번 만나보고 싶어."
지금은 2009년인데 요즘 감성처럼 느껴지지 않았고, 나는 이 맑은 노래를 부른 사람이 누굴까 궁금해졌다. 만나서 '길상사에서' 라는 노래를 작곡하고 불러줘서 고맙다고 인사하고 싶었다.
소라에게 얻은 연락처로 직접 '시와' 라는 이름의 가수와 통화를 하고, 제리코 2주년 기념 공연에 그녀를 초대했다.
시와는 기타를 들고 혼자 올 것이다. 공연을 위해 필요한 모든 장비는 첫 해에 제리코에서 공연을 했던 조이엄에게 부탁했다. 그는 고맙게도 장비 대여는 물론 무대 오프닝 게스트까지 자처해서 맡아주기로 했다.
'시와' 와 '조이엄' 이 함께하는 제리코의 무대를 위해 나는 어떤 것을 준비하면 좋을까? 제리코의 두 번째 맞는 생일 선물들이 너무 황송해서 몸둘 바를 모르겠다.

Saturday Pizza Day

★

올해의 쿠폰왕을 선발해서 홈페이지에 공표하고 쿠폰왕들을 따로 초대했다. 평소와는 다르게 조금 특별한 메뉴를 시도해보기로 하고 오븐에 구운 피자와 파스타 그리고 샐러드 등등을 준비했다.
오트밀과 해바라기씨를 넣은 곡물 피자도우 위에는, 노엘이 선물로 주고 간 올리브 오일, 구운 양파와 마늘, 구운 단호박과 주키니, 플레인 요거트와 슬라이스 블랙 올리브, 팽이버섯과 마늘버터, 구운 가지와 베이컨, 로즈마리를 뿌린 방울토마토와 토마토 소스와 모짜렐라 치즈가 올라갔다.

웰빙 피자 도우 덕에 입천장 다 까진 사람들.

발효시킨 피자도우 위의 토핑들 가지, 주키니, 양파, 단호박, 베이컨을 애벌구이해서 올린다. 재료와 소스 다양하게 준비해서 입맛대로 골라 먹는 재미, 한쪽엔 사워 크림, 다른 한쪽엔 담백한 미늘 버터만을, 또 토마토소스를 뿌린 체리토마토 피자를 맛볼 수 있다.

화풀이

★

내가 종일 짜증이 났던 건 매년마다 돌아오는 '봄처녀병'이 도져서만은 아니었다. 바깥에서 화단 정리를 하고 있던 나를 향해 아줌마도 아니고 "아주머니!"라고 큰소리로 외치며 멀리서부터 길을 물어오던 행인을 못 들은 척 가게 안으로 쌩 하고 들어오긴 했지만, 그건 순전히 내가 아주머니가 아니었기 때문이다. 나는 이미 뭔가에 잔뜩 짜증이 나 있었고, 건드리면 바로 폭발할 태세였다. 그때 전화 한 통이 걸려왔고, 나는 수화기를 들었다.

그놈이다! 그놈이 또 전화를 한 것이다.

나에게 땅을 사라며 분양회사의 직원인 그가 한 달 전부터 나에게 전화를 걸어오고 있다. 내가 미처 말을 끊을 여유도 주지 않은 채 그가 속사포처럼 마구 지껄였을 때에도 나는 얌전히 한마디만 했을 뿐이다.

"아, 전화 잘못 거신 거예요. 저는 돈이 없습니다."

그런데도 그는 전화를 끊지 않았다. 나는 신경질적인 말투로 질문을 퍼붓기 시작했다.

"도대체 당신 하는 일이 뭐예요? 이름은 뭐죠? 회사는요?"라며, 관심 있는 남자 손님에게나 물었어야 할 인적사항들을 엉뚱한 곳에 물어보긴 했지만, 이름을 듣고서도 이내 잊어버렸다.

그 이후에도 전화가 몇 번 걸려왔는데, 그에게 화를 내며 에너지를 소비하는 대신에 전화 목소리를 확인하는 순간 바로바로 전화를 끊어버리고 잠시 전화

코드를 빼버리는 방법을 택했다.

그리고 한동안은 전화가 걸려오지 않았다. 그렇게 나는 그를 아예 잊은 줄 알았다. 그런 그가 오늘 나에게 아주 잘 걸린 것이다.
"제리코입니다."
곧이어 그의 목소리를 확인하자 바로 욕지거리가 튀어나올 참이었다. 그의 다음 대사를 듣기 전까지만 해도 말이다.
"아직도 저를 부정하세요?"
"그러시다면 왜 저를 부정하시는지 이유를 대보세요."
신기하게도 그 순간, 화가 사그라들었다.
웃음을 참기 위해 수화기를 저만치 떼고 있었는데, 한번 터진 웃음은 쉽게 멈추질 않았다. 그리곤 그가 먼저 전화를 툭! 하고 끊었다. 마치 내가 대꾸하지 않아 명예가 실추된 사람처럼.
얼마 지나지 않아 내 기분은 다시 나빠졌지만, 그건 나의 바이오리듬 탓으로 돌리겠다.
다시 전화가 걸려올까? 만약 그렇다면, 돈 있는 자유부인의 흉내를 내며 진지하게 투자 상담을 하게 될지도 모르겠다.

장항동에 정오가 오면

★

오늘은 산책길에 화원에 들러 꽃과 물뿌리개를 샀는데, 만개하여 손님에게 팔 수 없는 꽃들을 덤으로 얻어왔다. 화병을 새 꽃들로 갈고 사진도 찍고, 봄에 심은 꽃씨가 싹이 터 뿌리가 자랄 틈 없이 빼곡해진 화분도 정리해주었다.
에어컨을 켜면 춥고, 끄면 후텁지근한 전형적인 늦봄의 기온을 탓하면서도 다음 할 일이 무엇인지 생각나지 않을 만큼 졸리고 나른한 점심시간이다.
매일같이 얼굴을 마주치는 D빌딩의 오피스 레이디 두 명이 점심을 먹고 사무실로 들어가기 전에 제리코에 들어와서 빙수를 주문하고 자리에 앉았다. 그녀들은 빙수를 먹으면서 이제는 나에게 상투적인 것들이 되어버린 고리타분한 질문들을 던지기 시작했다. 매일 지나가다 보면 한가할 때가 더 많은데 월세와 인건비는 나오는지, 가게 인테리어 비용은 얼마나 들였는지, 정말 돈 때문에 이 일을 하는 것인지 궁금하다고 했다.
사람들은 상상 이상으로 꽤 구체적인 것들을 서슴지 않고 물어온다. 나는 일일이 대꾸하고 싶지도 않아 여유로운 자의 미소를 띠며 "그냥 열심히 하는 거죠"라고 답했다. 그리고 제리코는 나의 유일한 생계수단이고, 먹고살 만한 경영을 하고 있는지는 잘 모르겠다고 덧붙였는데, 나의 대답이 만족스럽지 않았는지 그들은 얼른 화제를 돌려버렸다.
바깥에서는 남자들이 제리코 가든 난간에 나란히 기대어 앉아 삼삼오오 담배를 피우고 있고, 일부는 가로수 앞에 서서 이를 쑤셔가며 가게 안을 빤히 들여다보고 있다. 나와 눈이 마주치면 고개를 돌릴 줄 알았는데, 민망한 기색 없이 열심히 이를 쑤시는 그들 앞에 나는 동물원 원숭이가 된 기분이고, 카페 안이 한가한 이 현실이 나는 그저 원망스러울 뿐이다.

그들이 자리를 뜨자마자 내가 하는 일은 밖으로 나가 카페 앞에 후두둑 떨어져 있는 허리가 반으로 꺾인 요지들을 바로바로 치우는 것이다.

오늘 같은 날은 억수같이 퍼붓는 비가 그들의 머리 위에만 집중적으로 살포되는 것을 상상하면서 소심한 복수를 하곤 한다.

보란 듯이 내 돈을 벌고 성공하겠다. 나중에 책을 내면 달자네에게 일러스트를 부탁하고 지금 바깥에 있는 그들의 모습을 심슨 버전으로 그려 구체적인 묘사를 꼭 덧붙이리라.

힙합소녀

★

요즘 매일같이 제리코에 출석 도장을 찍고 있는 뉴페이스 그녀. 어떤 날은 하루에 두 번도 방문해서 식사를 하고 가는 흔치 않는 VVIP 되시겠다.

그녀는 일산월드에 입성한 지 1년이 넘도록 집 앞 1분 거리에 있는 제리코가 카페였는지 진정 몰랐었노라고 나에게 털어놓았다. 그럼 이곳의 정체가 무엇으로 보였는지 물어보았더니 심심한 부르주아가 놀기 위해 만든 놀이터나 작업을 위한 공간으로 보였다고 대답했다.

동네 사람들이 편한 복장으로 오고가는 이곳은 그런대로 알맞은 장소에 위치한 동네 놀이터가 맞다. 부르주아라는 격한 표현만 제외한다면 말이다.

그녀는 파스타를 먹고 있는 도중에 심심치 않게 나에게 말을 걸어왔다.

"제 주변에는 멋진 남자들이 정말 많은데요."

나는 그 말이 나에게 그중 하나를 엮어주겠다는 뜻으로 알아듣고 귀를 쫑긋 세웠다.

"이휴…… 그 멋진 남자들이 모두 고3이에요."

"제가 가르치는 학생들 남녀 성 비율이 7:3인데 남자아이들이 대부분 학교 얼짱 출신에다가 공부도 잘하거든요. 장근석 닮은 아이, 김현중 닮은 아이 그리고 구준표 닮은 아이도 있는데 그 아이는 작년에 졸업했구요. 지금 가르치는 학생들 중엔 강동원을 닮은 아이도 있는데 오마이 갓! 저 처음 보는 순간 완전 쓰러지는 줄 알았어요."

"핸드폰 번호를 저장할 때에도 갠소○○이라고 해놨어요."
"그건 무슨 뜻인가요?"
"아니, 정말 모르세요? 개인적으로 소장하고 싶다는 뜻."
"아, 예……"
"제가요. 소개팅을 나가서 또래 남자들을 보면 그냥 눈이 다 질끈 감겨요. 다 아저씨들 같아서."

그랬다.
그녀는 고3만 전문적으로 가르치는 소위 명품과외 선생이었다.
그녀를 볼 때마다 왜 항상 외출용 화장을 곱게 하고 있었는지 사랑방 여손님들과 사뭇 다른 애티튜드에 의아해했었는데 이제서야 그 의문이 이렇게 쉽게 풀려버린 것이다. 그녀는 학생들 앞에서 절대 맨얼굴로 나서는 일이 없다고 강조해서 말했다.

"저기요…… 언제 정신차리실 거예요. 그럼 평생 시집 못 가요. 제발 나가서 남자들도 만나고 여행도 다니고 그러세요."

10년이 넘는 시간 동안 한 달도 맘 편히 쉬어본 적 없이 같은 일만 해왔다는 워커홀릭인 그녀에게 유일한 취미가 있는데 집 근처에 있는 힙합 댄스학원에서 몸을 풀고 오는 일이다. 댄서가 되고 싶어 유학비를 마련하기 위해 시작한 일이 현재의 직업이 되었단다.
포크를 든 채로 앉은 자리에서 살짝살짝 춤의 추임새까지 보여주며 히스토리를 엮어가는 그녀의 눈빛은 광기가 느껴지는 다부진 댄서처럼 보였다. 언제라도 떠날 준비가 되어 있다는 의지를 몸짓으로 표현하는. 춤이라면 심각한 몸치인 나는 그녀가 추는 춤이 너무나도 보고 싶었지만, 춤 한번 보겠다고 힙합 학원에 등록할 수는 없는 일이었다.
그녀는 까르르 웃으며 갠소 강동원이 기다리고 있는 공부방으로 돌아갔다.
사랑스럽고 귀여운 그녀에게 꼭 맞는 임자가 나타났으면 좋겠다. 현실은 강동원과는 좀 멀더라도 말이다. 그리고 갠소 강동원과 그 멋진 무리들을 제리코에도 한번 데리고 와달라고 청해야겠다. 이곳의 모든 싱글들을 한자리에 불러놓고 나란히 앉혀 다들 모른 척 구경하는 날로 정할까?

My Little Jessi

★

어제 오후, 제리코에서 벗어나 올해 들어 다섯 번째의 소개팅 자리에 나갔다. 소개남과 대화를 나누다가 삼천포로 빠지길 여러 번 반복, 침묵이 무서워 던진 나의 어설픈 농담 때문에 분위기는 더 냉랭해졌다. 내가 연상인지 모르고 나온 소개남은 꽤 당혹스러운 듯 보였지만, 전혀 연하답지 않은 그에게 미안한 마음은 들지 않았다.

그동안 싱글인 나를 안타깝게 여겨 남자들을 소개시켜준 지인들을 생각하면 감사한 마음에 절이라도 올려야겠지만, 결과들이 하나같이 좋지 않아 몹시 송구스러울 따름이다. 몇 년 전에, 능력 있는 시아주버님을 소개시켜준 나의 동창은 그 사실을 까맣게 잊고 나를 찾아와선 멀쩡한 시아주버니 이야기를 또 꺼냈다. 친구의 시아주버니를 다시 만나는 코미디는 찍지 않았지만, 멀쩡남이 여전히 혼자라는 사실은 나에게 은근히 위로가 되었다.

제리코 단골인 Z는 얼마 전 소개팅에서 만난 소개남과 두 번의 만남을 가지고 서로 연락이 자연스레 끊겼는데, 이미 머릿속에서 지워진 그로부터 보름 만에 생뚱맞은 문자 한 통을 받았다.

"Z씨가 좋은 사람임을 알지만, 미련한 제 마음이 움직이질 않는군요."

그 소식을 전해들은 주변은 웃느라 다 쓰러졌다.

미에코 언니는 지난번, 한국 사람보다 한국말을 더 잘하는 뉴질랜드 남자를 소개시켜주었다. 나보다 한 살 많았던 그는 첫인상에 호감을 느낄 만한 외모는 아니었지만, 몸에 배인 매너와 어른스러운 말과 행동이 마음에 들어 두 번째 만남을 자연스럽게 생각하게 했다. 하지만 그는 나를 만나고 얼마 지나지 않아 뉴질랜드로 몇 달간 장기 출장을 떠났고, 그가 떠나는 날 맞춤법 하나 틀리지 않은 한국말에 공손함을 담아 보낸 장문의 문자가 마지막이었다.

나는 그의 이름을 따서 '루이스 패틴슨 만나기'라는 제목으로 단편을 썼고, 글쓰기 10회 단기 수업의 마지막 시간에 발표하여 열띤 호응을 얻는 것으로 허무한 마음을 달랬다.

사람들은 내가 눈이 높고 까탈스럽다고 한다. 사람들이 거짓말을 하는 것은 아니지만, 그들은 틀렸다. 나의 문제는 지나치게 눈이 낮은 데에 있으며 여전히 첫 만남을 중요하게 생각할 만큼 후졌다. 나의 감성은 여전히 어딘가에 머물러 있다. 이미 그가 떠나갈 것을 처음부터 알면서도 사랑을 시작하고 그 사랑의 유효기간이 끝나자 담백한 이별을 담담히 맞이한 '조제'이기도 하고, 10년 전 기차에서 만난 운명 같은 사랑을 늘 기억하고 있다가 10년 만에 만난 자리에서 지나간 시간을 노래로 들려주며 존재감을 더듬었던 '셀린느'이기도 한.

사랑이 애초에 노력해서 되는 것이었다면 나는 진정 루저의 늪에 빠져 허우적거렸을 것이고, 아무 계획도 없이 척박한 섬으로 떠난 P가 그곳에서 현재의 신랑을 만났을 리 없다. 순전히 친구를 본다는 목적으로 내가 있던 영국까지 방문했다가 나의 이웃 남자와 사랑에 빠져 결혼을 한 J나, 남의 카페 오픈식에 손님으로 왔다가 나와는 어떤 불꽃도 튀기지 않았던 동네 오빠와 사랑에 빠져 둘째아이까지 낳고 잘 사는 H의 경우만 봐도 그렇다.

살면서 변변한 연애 한 번 제대로 못했다는 깊은 트라우마가 있지만, 그래도 다행히 '요즘 연애하나봐'라는 인사는 형식적이나마 듣고 산다.

오늘 저녁은 소개남으로부터 폭탄문자 받은 이웃 Z씨를 초대해 언제 나누어도 지겹지 않은 화제를 안주거리 삼아 씹으며 연애에 서툰 서로를 토닥거려야겠다.

ⓒ오민경

조제 : 일본영화 조제와 물고기 그리고 호랑이의 남자 주인공
제시와 셀린느 : 영화 'Before sunset'의 남자 주인공, 여자 주인공

마스터 다이버

★

학생처럼 보인다고 말해주었지만, 솔직히 백수에 더 가까워 보였다. 내 평범한 사고 범위에서는 그랬다. 오후 두시가 넘어 추리닝 차림에 슬리퍼를 끌고 혼자 이곳에 커피를 마시러 오는 20대의 능력자 프리랜서가 키까지 훤칠하고 수영 선수처럼 단단한 근육까지 갖추었다면 이 세상은 좀 많이 불공평한 것이라고. 그는 매번 테이크아웃 커피를 시킨 후, 몇 분 동안 그대로 서서 시럽을 잔뜩 넣은 아이스 아메리카노를 빨대로 쪽쪽 몇 번 만에 들이키고는 얼음만 남은 플라스틱 용기를 들고 자리를 뜨곤 했다.
그러다가 오늘 오후엔 처음으로 자리에 앉아 파스타를 주문했다.
"배고파요. 배불러 터질 만큼 많이 주세요."
"뭘로 드릴까요?"
"그냥 제일 잘하시는 걸로 해주세요."
"저기요. 다 잘하는데 어떻게 하나만 골라요."
10여 분이 지난 뒤, 나는 산처럼 쌓은 두 종류의 버섯이 들어간 스파게티면의 토마토 파스타가 담긴 접시를 손님의 테이블 위에 올려놓았다.
"다 드셔야 해요."
"맛있어요."
"에이…… 그런 말 들으려고 한 거 아니니까 부담 가지지 마시고, 배부르면 남기셔도 돼요."

손님에게 주고 남은 파스타 한 접시를 들고 내 자리에 앉아 늦은 점심을 시작했다. 그는 내가 한술 뜨기를 기다렸다는 듯 박자를 맞추어, "맛있죠?"라고 말하곤 생글생글 웃어 보였다. 아…… 이 얼마나 다정하고 귀여운 립서비스란 말인가.

"제가 만든 걸 먹는 건 아주 가끔만 맛있어요."

"아니에요. 정말 맛있는데…… 제가 아는 형이 파스타 집을 하는데 정말 더럽게 맛이 없어서 한 번 가고 안 가요."

관광객 넘쳐나는 태국의 섬이 아니라 지중해의 코르푸와 같은 한가로운 섬에서 우연히 만났더라면 연애에 빠졌을지도 모르겠다 싶게 귀엽게 구는 이 청년은 종일 집에 있어 심심한지 계속해서 나에게 말을 걸어온다.

"사이판 가보셨어요? 오늘 같은 날, 스킨스쿠버하면 정말 좋은데…… 제가 바다가 너무 좋아서 사이판에 가서 자격증까지 땄거든요. 그런데 수영은 할 줄 아세요?"

"아뇨. 그냥 둥둥 물에 떠 있기만 하는 정도에요."

"저 백수 같죠?"

"네, 그렇네요."

활짝 열어놓은 문으로 오후의 바람이 살랑살랑 느리게 카페 안으로 들어온다. 봄의 기운이 지고, 벌써 여름의 더운 공기가 느껴졌다.

언제나 6월

★

가게 손님들이 나에게 선물로 뭐가 좋을지 물어오면 나는 항상 꽃이라고 대답한다. 취향에 맞지 않는 선물보다 부담도 덜 되고, 아니, 몇 배는 더 좋다. 게다가 이렇게 봐주는 사람들이 많으니 제리코는 꽃에게 미안한 공간이 아니다.
오늘 많은 사람들에게 꽃을 선물로 받았고, 그 덕에 창가는 화원처럼 꽃들로 가득 채워졌다. 지나가던 행인들이 꽃을 보기 위해 제리코 창가 쪽으로 다가오고, 나는 꽃을 구경하는 그들을 또 구경한다. 꽃으로 내 마음을 대신할 수 있다면 예쁜 카드와 메시지는 따로 첨부하지 않아도 될 텐데……
곧 있으면 두 돌을 맞이하는 내 조카에게 노란 튤립을 선물하고 싶다.
퀴즈대한민국 예선에서 탈락한 사랑하는 나의 어머니께는 퀴즈대백과와 응원의 꽃다발로 프리지아를 한아름 안겨드리고 싶다.
얼마 전 아들을 출산한 친구 코끼리 박지산에게는 향이 강하지 않고 질긴 생명력의 사랑초 화분을, 지난 반 년 동안 매일매일 들렀던 블로거 '스치듯 낯설게' 님께는 그동안 선물과도 같았던 좋은 음악들에 보답하는 마음으로 파인애플 세이지를, 야근을 밥 먹도록 하는 친구 소라에게는 연분홍 카네이션을 가득 종이에 싸서 직접 들고 사무실로 찾아가서 안겨주고 싶다.
그리고 나에게도, 꽃다발을 건네주는 이가 있었으면 좋겠다. 이왕이면 화려한 장미다발이 아니라 흐드러지게 핀 들꽃 한다발이었으면 좋겠다. 그럼 나는 못 이기는 척 데이트 신청을 받아주고, 함께 느린 걸음으로 동네 어귀 구석구석을 산들바람 음악 삼아 싱거운 농담에도 피식 웃어주며 오랜 산책을 하리라.
내일 봄이 당장 사라진다 해도 싱그러운 꽃내음만은 오래오래 내 마음속에 남겠지.
나이만 한 살 더 챙겨먹었을 뿐 평소보다 외로운 느낌만 더한 생일이 이렇게 뉘엿뉘엿 지고 있다.
사람들의 기억 속에 제리코가 늘 꽃으로 만발한 6월이었으면……

ⓒ윤혜라

비

★

"오늘은 어떤 커피를 드릴까요?"
"주인장이 골라서."
"오늘은 부드러운 과테말라입니다."

어제는 만델링을 주문한 '비'. 커피가 얼마나 좋으면 하루에도 두 번씩 카페에 들를까? 어느 날, 커피를 다 마신 그는 자연스레 리필을 준비하려던 나를 만류하더니 이상한 요청을 했다.
"오늘은 리필커피 주지 말아요."
"네? 아, 오늘은 커피를 한 잔만 드시려구요?"
"아니, 어차피 주는 리필이면 앞으로는 저녁에 와서 마시고 싶어서요."
난 어떤 대답을 해야 할지 몰라 멍청하게 서 있었다. 그가 돌아가고 난 후에도 나는 한참동안 기분이 안 좋았다. 그날 이후로 그가 이곳을 찾을 때마다 나의 마음은 어딘가 불편했다.
날씨가 매우 더웠던 6월, 그의 전용자리 바에 앉자마자 나에게 말했다.
"아유…… 날씨가 너무 덥네. 이 상의 좀 벗어도 될까요?"
"네, 오늘 유난히 덥네요. 긴팔 옷을 입으셔서 더우실 텐데 벗고 계세요."
그가 개량한복으로 된 웃옷을 벗자, 당연히 반팔 티셔츠를 안에 입고 있을 줄 알았던 나의 예상을 비웃기라도 하는 듯 새하얀 속옷이 드러났다. 일명 난닝구.

"손님, 제가 너무 당혹스럽네요. 속옷만 입고 계시면 어떻게 해요."
나는 다소 격앙된 목소리로 그에게 다시 옷을 입어주기를 요청했다. 그러자 그는 발끈해서 항변했다.
"밖에 다니는 애들이 입으면 나시고, 늙은이가 입으면 속옷이라니. 사람을 왜 차별해요?"
"손님, 제가 차별해서가 아니라 손님은 속옷을 입으셨잖아요."
"흰색 나시랑 흰 속옷이랑 뭐가 다르다고 그래요? 나참 별······"
머리가 지끈거려 오는데 뒤에 앉은 손님은 뭐가 즐거운지 아예 테이블에 엎드려 어깨를 들썩거리며 웃고 있었다. 어쩌면 그렇게 교양 있는 말투로 사람을 미치게 만들 수 있는지 난 도무지 이해가 가질 않았다.
또 다른 날은 그가 야외 테이블에 앉아 침통을 꺼내어 같이 온 일행의 발등에 침을 놓는 진풍경을 연출해 지나가는 행인들이 멈춰 서서 구경한 적도 있었다.

내가 핏대를 세우며 대응하는 것을 은근히 즐기고 있을지도 모른다는 생각이 들어 화가 났고, 그날로 나는 그의 별명을 비호감의 의미로 非라고 표시했다. 非와 관련된 수많은 에피소드들은 마감녀가 마감을 마치고 들를 때마다 폭풍처럼 쏟아내고 그 자리에서 풀어버렸다. 나는 무신경하게 반응하고 딱딱한 태도로 그를 대했다. 그는 나에게 있어 여기에 없는 사람이었다.

얼마 전이었다. 우산도 뚫을 정도의 강도로 비바람이 세차게 몰아쳤고, 카페를 찾는 손님은 아무도 없었다. 낮과 밤의 경계가 없는 이런 오후에 반가운 손님이 찾아와 주었으면 좋겠는데 마리아 칼라스를 혼자 누리기엔 조금 벅찼다.
그때 한 손님이 우산을 접고 잔뜩 비에 젖은 옷차림으로 카페에 들어섰다. 그였다. 내가 非라고 이름 붙이고 속으로 조롱했던, 그가 이 비를 뚫고 온 것이다.
나는 한마디로 표현하기 힘든 복합적인 감정에 휩싸이기 시작했다. 그는 여느 때와 다름없이 백마담이 고르는 커피를 주문했고, 우리는 각각 다른 테이블에 앉아 한참동안 아무 말도 하지 않고 약속이나 한 것처럼 바깥을 바라보며 오랫동안 비를 감상했다. 순간 많은 생각들이 한꺼번에 주마등처럼 스쳐 지나갔다. 그동안 그 존재를 무심하게 잊고 있었지만, 돌이켜보면 그는 언제나 이곳에 있었던 것 같다. 카페의 야외자리에 어닝을 설치하던 날, 튼튼한 브라운 어닝 아래에서 커피를 마신 첫 번째 손님이 그였고, 파티오를 설치하던 날에는 공사가 마무리될 때까지 기다렸다가 완성된 파티오에 서서 기뻐하던 나에게 힘찬 박수를 쳐주었다. 내가 그토록 신경에 거슬려 했던 그는 제리코를 오픈하고 첫날 온 손님이었고, 4계절 내내 2년이 넘도록 날씨와 상관없이 그저 커피와 제리코를 좋아한 손님이었다는 사실이 보이기 시작했다.
바닥에 아무렇게 내팽개쳐진 우산이 꼭 일그러진 내 마음과 닮은 것 같아 한없이 부끄러워졌다.

나는 들리지 않을 만큼 혼잣말로 속삭였다.
"고맙습니다."

그는 얼마 전 장항동을 떠나 다른 동네로 이사를 갔다. 하지만 잊지 않고 종종 제리코를 찾아준다.
참, 그의 별명은 바뀌었다. Rain으로.
예전과 비교해 그의 태도가 달라진 것은 특별히 없다.
하지만, 나는 반전 없이 한결같은 참견꾼의 방문에 웃으며 응대하고, 더 이상 인상을 쓰지 않는다.

여행

★

영화 '카모메 식당'으로 한국에 알려진 오기가미 나오코 감독의 2007년 영화 '안경'을 보자마자 시도해보고 싶은 일들이 생겼다. 유리그릇 아래에 단팥을 듬뿍 깔고, 산처럼 높이 쌓아올린 얼음 알갱이들을 천천히 퍼먹는 일.
아쉽게도 카페에 있는 빙수 기계는 가정용이라 영화 속 팥빙수만큼 높은 모양새는 포기해야 했지만, 우유와 연유, 떡이 없이 오로지 팥만 들어간 '안경' 식 팥빙수는 제법 맛이 있어서 나는 하루에도 두세 번 밥맛 없는 여름날 팥빙수를 만들어 먹었다.
나에게 이 영화를 권해준 '마감녀'는 어디든 떠나고 싶어질 테니 주의할 것이라고 몇 번이나 강조했는데 막상 단단히 마음을 먹고 본 나의 감상은 '꼭 그렇지만은 않더라'였다.
좋은 영화를 보면 보너스와 같은 기분이 들 때가 있다. OST가 흐르면서 엔딩 크레딧이 올라가고 더 이상 자막이 보이지 않을 때까지 그대로 멈춰 가만히 감상하면서 여운을 즐기는 순간이 그렇다. '안경'을 다 보고 나서 나는 어디론가 떠나고 싶은 마음 대신, 행복한 여행에서 막 돌아온 기분이 들었다.
제리코는 일상에 지친 많은 사람들이 잠시 쉬었다 가는 곳이다. 매일매일 들르는 사람들도 있고 몇 개월에 한 번씩 예고 없이 불쑥 찾아오는 사람들도 있다. 제리코가 영화 '안경'처럼 아름다운 곳에 있지 않아도, 당일치기 여행을 하는 기분으로 이곳을 찾는 손님들은 많다. 나는 그들을 위해 커피와 정성스러운 음

식을 준비하는 시간이 가장 행복하다. 제리코를 시작하고 지금까지 나의 일상이 하루도 지루할 틈이 없었던 것도 다 사람들 때문이다.

내 머릿속에는 늘 나를 모르는 곳으로 떠나는 그림이 있다. 언젠가 때가 되면 모든 것을 접고 자유롭게 여행을 떠날 날이 오겠지. 그리고 그곳에서 제리코를 마음껏 그리워하면 좋겠다.

가정식 요리 수업
★

아주 오래전부터 염원했던 일, 하지만 결코 소박하지 않은 나의 바람이 있다면 요리를 테마로 한 세계여행을 떠나는 것이다. 외국 친구들의 부모님 집을 방문해 며칠간 기거하면서 매일 식탁에 올리는 평범한 가정식 요리를 배워보고, 나도 그들에게 한국식 상차림을 대접하는 것이 내 여행의 컨셉이다.

몇 달 전 커피를 마시러 온 오랜 지인 미에코 언니에게 내 계획에 대해 거창하게 늘어놓았다. 나의 넋두리를 다 들은 후, 미에코 언니는 "배우면 되지"라고 명쾌하게 답을 내려주었다. 그녀는 나에게 일본 가정식을 가르쳐주고, 나는 그 보답으로 기초 영어회화를 가르쳐주기로 한 것이다.

그렇게 해서 시작된 가정식 요리 수업은 주중에 한 번 한가한 오후 시간에 진행되었고, 얼마 안 가 동네 참새들에게 소문이 나는 바람에 요리 수업이 있는 날이면 시식꾼들이 미리 와서 대기할 정도가 되었다. 야끼소바는 일부러 맥주와 곁들이기 위해 늦은 밤에 배웠는데, 그날 제리코의 분위기는 완전히 '심야식당'이었고, 야끼소바 맛에 반한 사람들은 심야식당을 차려달라고 아우성을 부렸다.

그리고 오늘, 벌써 다섯 번째 수업이 있는 날이다.
대부분이 가다랑어포를 이용해서 육수를 내는 기본 음식들이고, 한 번에 많게는 두 개까지 배워서 지금까지 그 종류만도 7가지다.

ⓒ김민정

오니기리, 달콤한 계란말이, 히야시 소우맨냉소면, 오야꼬동닭고기 달걀 덮밥, 미소시루와 나또밥, 야끼소바볶음면.

정확한 분량대로 레시피를 따르는 것이 지루한 나에게 미에코 언니의 수업 방식은 재미있었고, 내용도 만족스러웠다. 여기서 그녀의 방식이란, 계란의 거친 입자를 거슬려하지 않기에 정교한 '체' 따윈 사용하지 않는 평범한 우리네 어머니의 방식이다. 나는 "캬~ 이런 게 바로 자유로운 똘레랑스 정신인 거죠!"라고 의기양양하게 말했다.

한 치의 오차를 여러 번 용서하는 내 입장에서는 간을 봐가면서 요리를 하고 모자라다 싶으면 더 넣고, 재료의 사용에도 제한이 없다는 점에선 편리하지만, 다음에 똑같은 맛을 재현하기에는 무리수가 따르는 단점이 있다. 오죽하면 달자네가 나에게 "백마담 음식은 다 맛있는데, 똑같은 파스타도 신기하게 매번 맛이 달라요"라고 했을까.

오늘 내가 배운 요리는 가츠산도(돈가스 샌드위치)다.
정육점에서 미리 사다 놓은 칼집이 들어간 안심을 청주에 30분간 재워두었다가, 밀가루-계란물-빵가루를 차례대로 묻혀 예열된 기름에 넣고 타지 않게 잘 뒤집어가며 튀겨냈다. 고루고루 익어 먹음직스러운 갈색 빛이 도는 돈가스에 브라운소스를 듬뿍 묻혀서 양배추를 올리고 버터를 바른 샌드위치 빵 사이에 넣어 입이 찢어질 만큼 크게 한입 베어물었다. 입 안에서 부드럽게 씹히는 안심과 양배추의 아삭한 식감이 더해져 저절로 눈이 감길 정도로 맛있어서 기분 좋은 탄성이 절로 나왔다.

와당탕 들썩이는 요리 수업을 마치고, 커피로 식곤증을 날린 후엔 영어 수업을 바로 시작한다. 나의 학생이 매일매일 하는 숙제는 다섯 줄 일기인데, 수업의 시작은 언제나 일기장 검사다. 아직까지는 누구를 만나 어디를 가서 무엇을 먹었는지를 보여주는 팩트의 나열이라 감정의 미세한 표현은 찾기 어렵지만, 타인의 일상을 엿보는 재미도 쏠쏠하다.
DO YOU WANT TO GO WITH ME? LET'S DO DO BALLET!!!
일기 끝에 매번 습관처럼 한 가지씩 나에게 코멘트를 남기기도 하는데, '함께 발레학원을 등록하자' 같은 내용이 주를 이룬다.
오늘 나의 학생은 맛나게 뚝딱 한 접시를 비운 나를 유난히 흐뭇하게 쳐다본다 싶었다.

"오늘 맛있었지? 기분이 좋지? 나 오늘 숙제 안 해왔다."

Healing

★

음악은 실로 많은 것들을 치유해준다. 치유 받아야지 하고 준비한 마음도 아닌데, 좋은 음악을 듣고 마음이 음악을 따라 미동하는 것이다.
나에게 음악은 마치 향수와도 같아서, 아름다운 선율들이, 내 지나간 순간들과 함께 흐르는 것만 같다. 감정에 따라 기분이 좋을 때, 우울할 때 듣는 음악을 따로 정해두는 것은 아니다. 누군가 그리워질 때 조용히 그 음악들을 꺼내놓게 된다. 음악은 사람들의 얼굴과 각각의 사연에 연관된 시간, 장소까지도 자연스럽게 떠올려주니까…… 감상을 마치고 나면 책을 덮듯이 내 마음도 접히고, 그리울 때마다 언제든지 다시 꺼내 들을 수 있다.
집착하지 않아도 되는 유일무이한 대상이 있다면, 나는 단연코 음악이라고 말할 수 있다.
그래서 음악은 나에게 중요한 자양분인 동시에, 원할 때마다 음악을 들을 수 있는 제리코는 더없이 고마운 장소이기도 하다.
오늘 제리코에 흐르고 있는 음악은 리처드 보나Richard Bona의 'Muto Bye Bye'다. 나만의 고유한 추억이었다가도, 함께 음악을 듣고 좋아하는 손님이 있으면 나는 그게 그렇게 좋다.

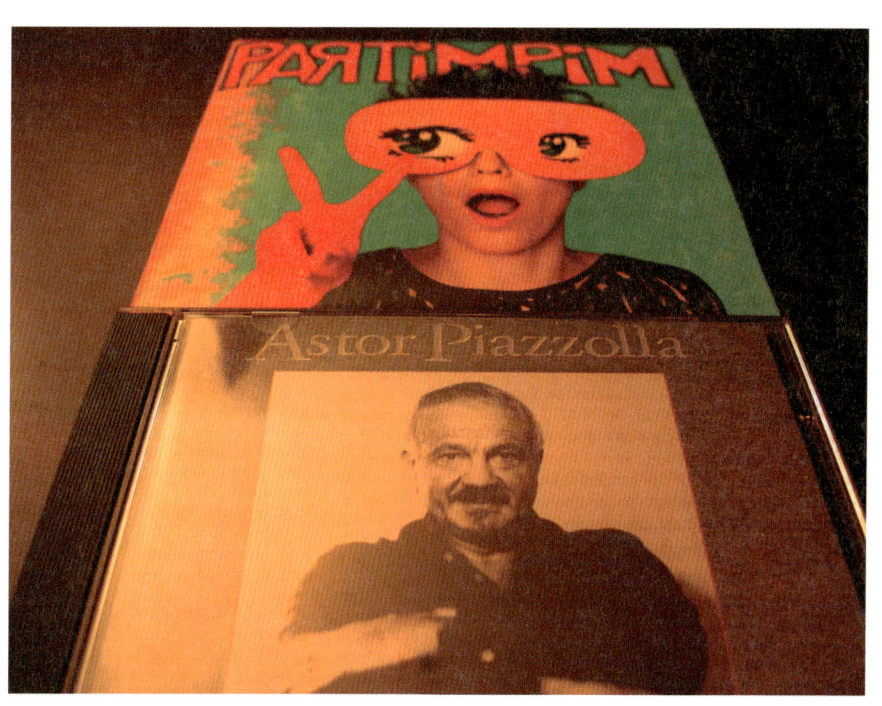

I am Your Fan

★

거의 매일같이 커피를 마시러 오는 남자 손님이 있다. 그는 담배를 피우기 위해 항상 야외자리에만 앉고, 애인처럼 보이는 여인과 나란히 앉아 대화를 나누거나 독서를 한다. 매번 커피 리필을 요청하는 커피 마니아인 그들은 내가 커피를 서빙할 때마다 잊지 않고 "감사합니다"라고 말하는데, 끝을 짧게 올려 말하는 그 인사를 듣는 것을 나는 은근히 즐긴다.

평범한 인사 한마디일 뿐인데도 목소리 톤과 억양이 서로 꼭 닮아 있어서 마치 입을 맞추고 있는 연인을 바라보는 기분이 들기 때문인데, 가끔씩은 서빙을 하고 돌아서면서 들리지 않을 정도의 혼잣말로 그 말투를 따라 해보기도 한다.

특이할 만한 사항이 있다면 그는 계산할 때 몇 초 안 되는 짧은 시간 동안 똑바로 쳐다보며 눈을 맞춘다는 것. 습관 같은 행동일 수도 있지만, 나는 그 행동이 커피를 진심으로 맛있게 잘 마셨다는 그만의 특색 있는 표현이라고 생각하고 있다.

몇 주 전, 무더웠던 어느 날 에어컨이 고장 났고, 안에서 견디다 못한 현령 씨와 내가 영화관으로 도망가기 위한 모든 준비를 마친 하필 그때, 그들이 야외자리에 앉았다.

꽤 오랜 시간 눈인사를 나눈 사이이다 싶어 잠시 고민하다가 조심스럽게 말을 건넸다.

"저희가요…… 막 도망가려던 참인데요…… 땡땡이친 거 너무 티 안 나게 커피잔만 테이블 밑에다가 살짝 내려놔 주시겠어요?"
"어디로 땡땡이칠 건데요?"
"영화 보러 가요. 'This is England'요."
"그 영화 생각보다는 별로예요. 그래도 재미있게 보세요."
바깥으로 나오자마자 누가 먼저라고 할 것도 없이 현령 씨와 동시에 해방가를 외쳤는데, 가게를 팽개치고 나온 주인과 스태프가 어이없었는지 그들은 껄껄 거리며 웃었고 그 웃음소리를 듣고 우리도 한참을 웃었다.

오늘은 비가 많이 내렸고 그가 잠시 비를 피하려는 모양으로 바깥에 서 있었다. 전에도 카페에서 그를 몇 번 본 적이 있는 알리스가 옆에서 나에게 넌지시 속삭였다.
"언니 나 저 남자 손님 어디서 본 것 같아."
"여기서 보셨겠죠. 어디서 봤겠니."
"아니, 그 말이 아니고 진짜 어디서 본 것 같다니까. ○○○이랑 너무 똑같이 생겼잖아. 아니야?"
아무 생각 없이 인터넷 검색창에 이름을 쳤는데 바깥의 그와 똑같이 생긴 남자가 인물 검색에 등장했다. 이런…… 그는 내가 좋아하는 한국영화 베스트 10 중에 두 편을 만든 영화감독이었다. 언젠가 그와 마주앉아 내 머릿속에 있는 시놉시스들을 두서없이 나열하며 영화에 관해 열변을 토할 날이 올지도 모른다고 생각하니 갑자기 가슴이 뛰기 시작했다.

좋아하는 감독이라며 옆에서 호들갑을 떠는 알리스를 진정시키면서 나는 현령 씨에게 문자를 날렸다.

'맞춰봐. 에스프레소맨 그가 누구였게?'

연장영업

★

연장영업을 시작한 지 3일째.
땡! 종소리 울리자마자, 가방을 들고 밖으로 뛰쳐나가는 학생들처럼 나도 한때는 밤 11시가 넘어 들어오는 손님한테는 쫓아낼 듯한 무서운 표정을 지었던 적이 있었다. 결단코 그건 과거의 일이다.
날씨 때문에 맥주를 찾는 손님들이 점점 늘어나면서 제리코에 맥주 전용 냉장고를 들여놓았고, 덩달아 안주 메뉴도 만들었다.
새롭게 개발한 메뉴는 백마담표 꼬치구이와 나초 세트. 양배추를 그득 썰어 접시 바닥에 깔고, 소고기 패티에 부추를 넣고 말아 튀긴 것과, 간장에 조리한 꽈리고추를 얇게 포를 뜬 닭가슴살 안에 넣고 구워서 푸짐하게 나간다.
커피를 대주는 신선생님의 레시피로 만드는 칠리나초는 강낭콩과 갈아 넣은 고기, 다진 채소에 향신료와 칠리를 넣고 만드는 것으로, 매콤하면서도 고기의 비릿한 냄새가 안 나 반응이 뜨겁다.
맥주의 종류는 많아졌다. 자랑할 만한 매출실적이 없는데도 불구하고 냉장고 안의 맥주는 점점 줄어들고 있는데. 늦게까지 영업한다는 것을 알리기 위해 직접 야외자리에 앉아 시식 팀들과 함께 먹으면서 홍보를 하다보니 자주 맥주를 탐하게 되는 것이다.
어제, 오랜만에 들른 '딸아저씨'는 지난밤 과음으로 속이 아프다는 핑계로 주문도 잊고 잠시 쉬었다가 일어나면서 손님몰이에 고민 중인 나에게 인상 깊은 말 한마디를 남겼다.
"백마담은 눈에서 광선만 나오지 않으면 손님이 밖에 줄을 설 거야."
아…… 과연 나는 마녀인가?

ⓒ박세연

정말로 원해요

★

폭염으로 맥을 못 추던 어느 날, 근처 사랑방 손님들에게 단체문자를 보냈다.
'가게 안은 시원해요.'
당연히 거짓말이었다. 가게 안은 찜통이었고-아는 사람은 다 아는-그래서 손님들이 일부러 방문을 피하는 날이었다.
문자를 받고 온 사람들은 가게 안이 덥다고 궁시렁거렸고, 그들의 표정은 '내 그럴 줄 알았어'였다. 알면서 속아준 것인지는 모르겠지만, 나는 그들에게 애써 미안하다고 말하지 않았다. 더운데 혼자만 당하기 억울해서라고 말하고 싶지는 않았고, 혼자 있기 싫어서였다고 애써 변명해본다.
사랑방 손님들과의 관계는 애초부터 믿음이나 의리로 통하는 것은 아니었다. 여기 사람들은 그런 오그라드는 단어는 감히 입 밖으로 거론하지 않는다는 공통점이 있다. 하지만 나의 괴팍함과 뻔뻔함에도 웃어주고 때때로 존재만으로 힘이 되어주는 사람들이 주변에 있다는 것은 말로 표현하지는 않아도 고맙다. 어찌 보면 매일같이 보는 단골손님들은 자연스러운 나를 보고 있고, 가끔 만나 좋은 소식을 주고받는 옛 친구들과 비교해 굳이 설명할 필요가 없는 관계 때문에 더 솔직해지는지도 모른다.

현령 씨가 취업 인터뷰를 다니느라 나는 다시 혼자가 되었다. 한 사람이 없으니 사람의 가게 안의 온기가 달라졌다. 그게 싫어 부지런히 청소하게 된 것은 다행이지만, 혼자는 여전히 쓸쓸하다. 둘이서 눈짓하고 키득거리며 누구를 씹을 일도 없으니 또 심심하다. 이럴 땐 영화 카모메 식당의 주인공들처럼 괴짜여도 좋으니, 누군가 가게에 붙박이로 함께 있어도 좋겠다. 다음 날부터 쫓아낼 궁리를 시작할지라도 말이다.

폭염으로 하루에도 여러 번 노트북이 꺼지고, 에어컨 바람이 송풍으로 바뀌고, 손님들이 가게 안의 더운 공기에 기겁해서 나가게 만들었던 여름은 이제 마지막 안간힘을 쓰면서 8월을 잡고 있다.

오늘 나는 뛰쳐나가지 않았고, 쾌적한 실내 온도 때문에 종일 입가에 미소가 떠나질 않는다. 에어컨을 켠 채로 퇴근해서, 밤새 공으로 돌았을 전기료 생각에 잠깐 눈물을 머금기는 했지만, 그 덕에 오늘은 올해 들어 최고로 시원한 날이다.

가게 안이 덥다고 뛰쳐나갔던 그때 그 손님, 오늘도 습관처럼 테이크아웃 커피를 시키고는 고개를 갸우뚱거리며 엉덩이를 붙이고 슬며시 자리를 잡고 앉았다. 관리비를 보고 눈이 튀어나올지라도 오늘만은 잊으련다.

나는 오늘 다시 그들에게 문자를 보냈다.

'정말로 시원해요.'

한결같은 답문자들이 속속 들어왔다.

'뭐가요???'

아 이제는 더 이상 속지 않겠다는 강한 의지의 반문인가? 라고 생각했는데 아무래도 같은 내용의 문자를 받은 것이 이상해서 발신함을 찾아보니, 거기엔 한 글자가 빠진 채로 이렇게 적혀 있었다.

'정말로 원해요.'

이 말이나, 저 말이나 그들을 원하는 내 속뜻은 매한가지 아닌가!

Waltz for a Night

"안녕하세요."

건조한 인사가 오가고, Y는 익숙하게 빛 좋은 자리에 앉아 커피를 주문했다. 그는 노트북을 켜고 작업을 하다가 잠깐씩 창 쪽을 길게 응시하면서 커피를 마셨고, 그 사이 '트레이시 채프먼Tracy Chapman'의 음반이 한 번 다 돌았나보다. 카페 안이 너무 조용해서 이때다 싶은 타이밍이 따로 생각나지 않았지만, 그에게 다가가 불쑥 곡목을 내밀며 기타 코드를 가르쳐달라고 부탁해보기로 했다. 까칠하기로 둘째가라면 서러운 Y는 몹시도 귀찮다는 눈빛으로 나를 쳐다보더니, 못 이기는 척 기타를 손에 쥐었다. 기타를 연주하는 Y의 손을 가까이서 본 것은 처음이었는데, 기타를 다루는 사람치고는 좀 작고 고왔다.

Y는 오랫동안 이곳을 찾지 않았다. 그를 처음 보았을 때 내 마음이 움직였던 것은 아니다. 늘 그렇지만, 사람에게 반한다는 감정엔 돌아선 순간부터 뇌리에서 반복적으로 맴도는 이미지가 있기 마련이니까.

어느 날 보았던 Y는 안경너머로 나의 행동을 응시하는 것 같았고, 초점이 흐릿한 그 눈빛엔 무기력함과는 다른 의도된 듯한 무심함이 느껴졌다. 표정으로 마음을 다 읽은 것은 아니라는 생각을 하고 있던 그때 서로 눈이 마주쳤고, 시선을 돌린 것은 어처구니없게도 내 쪽이었다.

Y는 나에게 관심을 드러내지 않았지만, 그가 어떤 방식으로든 나를 인식한다고 생각하면서부터 나의 말과 행동이 부자연스러워지기 시작했다.

Y는 가끔 늦은 밤까지 술을 마시고 긴 새벽을 외롭게 떠돌다가 나에게 전화를 했다. 매번 전화벨이 울릴 때마다 응답이 없는 전화기를 내려놓고, 다음날이면 나에게 사과의 메시지를 남기기도 했다.

그와 조금 가까워진 계기는 미니 구름을 데리고 나선 산책길에서 만나, 나의 밤마실에 동참해 함께 길을 걸었던 초여름 밤이었다.

구름이를 성가셔했던 Y는 그래도 제법 수더분하게 미니의 리드줄을 책임지고 비슷한 보폭으로 나에게 걸음을 맞추었다. 우리는 서로 아무 말도 없이 길을 따라 걸었다. 걷다가 목이 마르면 편의점에 들러 바깥 자리에 앉아 맥주를 마시며 목을 축이고, 돌아서면 잊어버릴 이야기들을 주고받다가 각자의 집으로 발걸음을 옮겼다.

어느 휴일 저녁 일산에서 떨어진 곳에 있던 나에게 Y가 연락을 한 적이 있다.
"멀리 있으면 어때요. 얼굴만 보면 되죠."
그게 처음이었다. 그가 나에게 마음을 보여준 적은. 그리고 그게 끝이었다.

오늘 모처럼 들러서는 또다시 무표정으로 무장한 Y 앞에 나는 이렇게 아무렇지 않은 얼굴로 다가가 기타를 핑계로 그에게 말을 걸고 있다.
시간은 단단한 것을 유연하게 만드는 힘이 있나보다.
바람은 시원했고, 취하지도 않은 Y에게 몇 번이고 청해서 들었던 노래들과 조금 웃기면서도 낭만적이었던 그 밤을 아직 내가 잊지 않고 있으니, 조금 뻔뻔해져도 상관없을 것도 같다.
그에게 배운 곡을 연습해 누군가를 앞에 두고 수줍게 연주할 날이 올지도 모른다. 그런 날이 왔으면 좋겠지만, 오지 않은들 또 어떤가, 이미 절반의 기분 좋은 추억이 있는데……

Goodbye for Now

★

안녕하세요. 잘 지내시죠.

가을이 왔다고 좋아하고 있었는데, 오늘 아침 산책할 때는 스카프를 목에 칭칭 두르고 다녔답니다. 한낮엔 여름이고 아침저녁으로는 꼭 겨울처럼 날이 찹니다. 계신 곳은 어떤가요. 햇살은 잘 들고 바람도 좋은지요.

요즘 저는 비슷한 꿈을 반복적으로 꾸고 있어요. 애드벌룬에 매달린 제리코를 집 삼아 하늘에서 둥둥 떠다니다가 마음에 드는 낯선 도시에 정착해서 살고, 또다시 어디론가 하늘을 항해하는 그런 꿈이에요. 그런 일이 가능하다면 지금 계신 그곳에 제리코와 미니 구름을 세트로 보여드릴 수 있을 텐데……

저는 잘 지내고 있습니다.

매번 이곳에 오신다고 하시고 3년 가까이 한 번도 안 오셨어요. 못 온 것이나 안 온 것이나 그 자체가 불만이었던 것은 아니지만, 조금 서운한 마음이 들긴 합니다. 이젠 기약없는 약속 같은 그런 게 되어버렸으니까요.

저는 이곳 제리코와 이별을 준비하고 있습니다. 10월의 마지막 날까지 시간이 얼마 남지 않았어요. 3년 가까이 이곳을 지키며 항상 떠나는 것은 사람들의 몫이고 언제든 이곳이 그리워 찾아오는 사람들을 반기는 것은 저의 몫이었는데 이번엔 제가 떠날 차례가 되었네요.

섭섭하냐고 물으신다면…… 네, 조금 섭섭합니다.

한편으로 남은 하루하루를 더없이 소중하게 보낼 수 있게 되어 다행이라는 생각도 듭니다. 사람들에게 이 소식을 어떻게 전해야 할지, 그리고 어떤 방식으로 잘 마무리 지어야 할지 앞으로 생각할 일들이 많아 시간이 빨리 지나갈 것 같아요.

이곳에 제리코가 없더라도 어디에선가 어떤 모습으로든 뵐 날이 있겠죠? 그때까지 안녕히 계세요.

관찰자 S

★

S 감독은 출품작이 없다는 이유로 올해 부산영화제에는 가지 않았다고 했다. 토마토 스프를 만들 차례가 되었을 때, 아니, 정확히 토마토 스프를 만든 그 다음날부터 한동안 그가 제리코에 모습을 보이지 않았다. 부산 영화제에 매년 놀러 가는 앨리스에게 '미나미'에서 감독님을 만나면, 토마토 스프 끓여놨다고 안부까지 부탁하지 않았던가.

그래서 어젯밤엔 오랜만에 다시 등장한 그를 향해 버선발로 뛰어나가듯 좀 심하게 반가운 티를 냈다. 처음 보는 나의 그런 모습에 놀라면서도 즐거워하는 S 감독과 현령 씨 그리고 백마담의 파티는 그렇게 시작되었다.

잠이 없어 새벽까지 밖을 배회한다는 S 감독은 장항동 주변에서 벌어지는 엄청나게 많은 진실들을 마치 돋보기 들여다보듯 다 알고 있었고, 그 진실 중에는 제리코를 향해 미친 듯이 자전거 페달을 밟고 달렸던 지각 직전의 현령 씨의 모습도 포함되어 있었다. 그런 그에게 나는 '관찰자'라고 불러주었다.

그가 감독인 것을 언제부터 알고 있었냐고 내게 물었을 때, 나는 준비한 듯 도도하게 말해주었다.

"저도 관찰자예요."

나는 아무렇지 않게 10월 31일이면 제리코가 문을 닫는다고 알려주었고, 그는 그리 놀랄 일도 아니라는 듯 "그래요?"라고 했다. 서운해할 줄 알았는데 조금 실망스러운 반응이었다.

곧이어 관찰자 S는 제리코와 백마담을 두고 장항동의 아웃사이더라고 표현했다. 스스로 영화계의 아웃사이더라고 부르는 S감독은 그래서 선수끼리는 서로 알아보는 법이라고 했다. 언젠가 다시 제리코를 오픈할 것을 확신한다고 덧붙이기도 했다. 그리고 그런 그의 말들은 나에게 최면을 거는 주문처럼 들렸다. 장렬히 장사하고 사라지는 아웃사이더 제리코를 위해서 감독 S는 크게 한턱 제대로 냈다. 한 가지 아쉬운 점이 있다면 새벽까지 제리코에서 이어진 대화였다. 시나리오 이야기로 밤을 지새우겠다는 나의 야심찬 기대와는 달리 영화와는 아무런 상관이 없는 '제리코의 토마토 스프' 예찬으로 대화가 일관했으니. 토마토 한 트럭은 먹은 것 같은 토마토 스프 칭찬에 조금 물린 나는 슬쩍 남자 배우로 화제를 돌리기도 했지만, 이야기의 맥을 끊는 주제는 역시나 토마토 스프였고, 제리코를 다시 오픈하게 되면 전화를 해달라는 것으로 새벽까지 이어진 파티는 끝이 났다.

그는 최근 제리코에서 시나리오를 한 편 완성했다. 그가 제리코에서 완성한 작품을 극장에서 보게 된다면 괜히 으쓱한 기분이 들 것 같다. 그 스스로는 본인을 감독이 아닌 제리코를 사랑했던 단골손님으로 기억해달라고 했지만.

10cm와 우주히피를 만나다

★

일산에 내가 기쁜 마음으로 찾는 '지느러미' 라는 이름의 바가 있다. 쉬는 날이면 나도 어딘가에 콕 박혀 있고 싶을 때가 있는데 그럴 때마다 찾아가는 곳이다. 그곳은 넓은 규모에 분위기가 아늑하고, 또 라이브를 위한 무대도 있는데 뮤지션들이 공연을 하고 싶은 공간이겠다 싶어 늘 내가 부러워했던 곳이기도 하다.

지느러미에서 한 달 전에 홍대에서 활동하는 뮤지션 두 팀의 공연을 봤는데, 그들의 밴드명은 그 이름도 독특한 '10cm' 와 '우주히피' 였다.

개성 있고 매력 있는 뮤지션들을 발견하는 순간은 언제나 행복하다. 10cm의 노래는 너무 감미로워서 누군가 내 방 창가에 기대어 직접 사랑의 세레나데를 불러주는 것 같아 좀 수줍어지는 느낌이다. 우주히피는 그 이름과 닮은 자유로운 히피 감성의 편안한 음악인데, 그들의 음악을 듣고 있으면 자연스럽게 박자에 맞춰 리듬을 타고 몸을 흔들게 된다.

공연을 마치고 그들과 함께한 뒤풀이 자리에서 지느러미와 가까운 곳에서 제리코라는 카페를 한다며 나를 소개하고 두 팀 모두에게 공연 승낙을 받았다.

10cm와 우주히피를 2주에 걸쳐 제리코에서 만날 수 있다.
공연을 보러 온 사람들의 놀라는 표정이 미리부터 상상이 되어 나는 벌써부터 뿌듯하고 즐겁다.

제리코와 사람들

★

책장 속에서 책들이 사라지고, 그 자리에 2년 7개월 동안의 추억을 사진으로 담아 전시를 하고 있다.
전시회는 제리코가 문을 닫는 10월 31일까지 진행하기로 했다.
'제리코와 사람들' 전시회가 끝나고 난 뒤, 사진들은 손님들에게 예약 받은 순서대로 전해질 것이다. 전시 중인 모든 사진들이 주인을 찾아가느라 정작 나는 빈손이라 해도 서운하지 않을 것 같다. 사진은 그동안 이곳을 다녀간 사람들을 위한 백마담의 선물일 뿐이고, 메모리는 이미 내 마음속에 남아 오랫동안 자리할 테니.

은은한 연보라색의 리샨셔스 꽃 사진은 전시회를 위해 준비한 총 83장의 사진 중에서도 가장 많은 사람들이 갖고 싶어 했다. 제리코를 잘 아는 사람도 배경이 어디인지 희미한 사진이다.
꽃이 주인공인 이 사진을 왜 그토록 많은 사람들이 갖고 싶어 한 것일까 나는 자못 궁금해졌다. 언제나 꽃들로 가득했던 제리코의 이미지가 꽃과 닮아 있어서가 아닐까 생각해본다. 특히나 주부층에 전폭적인 지지를 얻은 이 아름다운 꽃은, 올해 어떤 이가 내게 생일선물로 준 것이다.

꽃은 아름다웠고, 나는 행복했지만 금방 시들어버렸다.
꽃도 사람의 마음도.
백마담, 미니 구름이가 주인공인 사진들. 다행히 사진을 갖고 싶다는 주인이 나타나서 내심 기뻤다.

얼마 남지 않은 기간 동안 매일매일 축제를 여는 기분으로 사람들이 드나들었으면 좋겠다.

약속
★

정오가 조금 넘어 휴대전화로 국제전화 한 통이 걸려왔다.
전화 감이 멀었고 누군지 짐작할 수 없어 궁금한 찰나, 전화를 걸어온 쪽에서 먼저 자신을 소개했다.

"제가 원피스를 선물하기로 했던 사람인데요. 혹시 기억하세요?"

올해 봄이었던가.
중년의 여자 손님 한 분이 혼자 조용히 제리코를 찾아왔고, 식사와 차를 마시고 여유 있게 돌아간 평범한 어느 하루였다.
원피스를 입고 있던 나를 보고 원피스가 잘 어울린다고 말해주면서 백마담에게 잘 어울릴 것 같은 빈티지 원피스가 있는데 다음에 올 때는 꼭 들고 오겠다고 했다.
지금은 미국에서 잠시 머무르고 있는 중이고, 제리코가 문을 닫게 되었다는 소식을 알게 되었다고 했다. 원피스를 싸놓고 기회를 보고 있었는데 갑자기 미국으로 가는 바람에 보내지 못해 미안하다는 말도 덧붙였다.

원피스는 아름다울 것이다. 하지만, 영원히 내 차지가 안 될 수도 있다.
제리코를 단 한 번 다녀간 여인이 원피스를 흔들고 서 있지 않는다면 내가 먼저 알아볼 확률도 낮다.
그래서 나는 연락처를 받았고, 기약할 수 없는 미래의 어느 날을 약속해버렸다.

다음 주면 작열하는 태양 아래 아름다운 바닷가의 선탠 의자에 누워 읽지도 않을 책을 펴놓고 멍하니 칵테일을 홀짝일 것이다.
협찬 받은 두 개의 비키니는 반드시 입을 것이며 증거 인멸할 것이다.
생각일랑은 돌아와서 해야지.

진정한 여행

가장 훌륭한 시는 아직 씌어지지 않았다.
가장 아름다운 노래는 아직 불려지지 않았다.
최고의 날들은 아직 살지 않은 날들.
가장 넓은 바다는 아직 항해되지 않았다.
가장 먼 여행은 아직 끝나지 않았다.
불멸의 춤은 아직 추어지지 않았으며
가장 빛나는 별은 아직 발견되지 않은 별.
무엇을 해야 할지 더 이상 알 수 없을 때
그때가 비로소 진정한 여행의 시작이다.

- 나짐 히크메트

Visiter's Day
★

낭송해주는 방명록 데이. 10월의 마지막 밤
카페 제리코에서의 마지막 축제를 계획하며……

959일째 영업일을 마지막으로 종료된 제리코.

이 마지막 컷은 내가 마음속에 오래전부터 준비해둔 그림 속 한 장면이다.

내 그림 속에서 사람들은 환하게 웃었고, 함께 벽화를 지웠으니까.

다행이고 고마운 일이다.

생각해보면 모든 것을 두고 떠나는 것도 아니며 남은 게 아무것도 없는 것도 아니다.

새 그림을 그리듯, 하얗게 변해 가는 벽화를 바라보며 슬픈 눈물은 흘리지 않을 것.

이랑의 벽화를 미완성인 채 남겨두었던 것은 이곳의 꽃같이 아름다운 사람들과 함께 가장 근사한 엔딩을 장식하기 위해서가 아니었을까?

Happy 959th Day !

Epilogue

제리코가 사라지고 어느덧 3년이 흘렀다.

사랑방 손님들은 나에게 정말 뭐 없는 거냐고 제리코를 향한 목마름을 안부 대신 묻기도 하고, 연락이 닿는 몇몇 사람들과는 제3의 공간에서 지속적인 만남을 이어가고 있다.

제리코가 있던 그 자리엔 원래 간판의 다섯 배 정도나 큰 대형 사이즈의 간판을 건 카페가 들어섰다.

지난 몇 년간은 그 동네를 지나가야 할 어쩔 수 없는 경우가 생길 때마다, 최대한 멀리서 소심한 곁눈질로 생경맞은 그곳을 힐끔거리곤 했다.

그동안 사랑방의 주인공들에게도 크고 작은 변화가 생겼다.

늘 철부지 꼬맹이처럼 느껴졌던 제리코의 마지막 스태프 현령 씨는 그사이 가정을 꾸려 예쁜 딸을 출산했고, 단골손님이었던 테드와 선미 커플도 6년 열애 끝에 결혼에 성공해 세바스찬이라는 예쁜 이름의 2세와 함께 행복하게 살고 있다.

제리코의 상징 중에 하나였던 벽화를 그린 아티스트 '이랑'은 올 여름 정규 앨범을 낸 가수가 되었다.

코파카바나 부부는 이 도시 저 도시를 옮겨 다니며 행복한 보헤미안 라이프를 누리고 있는 것 같다. 마감녀는 그리스 여행을 포기하고 큰 고심 끝에 입양한 보더콜리 '하루'와 도심에서 멀리 떨어진 새로운 보금자리를 꿈꾸며 자유로운 영혼으로 사는 궁리를 하고 있지만, 궁색한 마감 증후군에게선 벗어나질 못했다.

2008년의 여름, 살던 집을 정리한 돈으로 무작정 이탈리아로 떠났던 미미 커플은 현재 상수동에서 '달고나'라는 이탈리안 식당을 경영하고 있고, 그곳은 내가 아끼는 단골밥집이 되었다. 달자네는 '잔'이라는 제목의 에세이를 출간했고, 책 속의 상당 부분을 카페 제리코와 관련된 그녀의 추억으로 채워주었다.
책 '잔'에 실린 사진 중에 제리코를 배경으로 찍은 원피스를 입은 아름다운 뒤태의 여인이 등장하는데, 독자들이 그 여인을 백마담으로 착각하고 있다는 난감한 뒷이야기가 종종 전해져 온다. 만약 내가 다이어트에 성공한다면 그 공은 반드시 달자네와 그녀의 독자들에게 돌리고 싶다.
올해 15살이 된 미니는 급격히 나빠진 시력과 청력으로 리드줄이 없이는 혼자서 아무데도 못 가는 노견 신세가 되었지만, 그저 세월이 무심한 할머니 개일 뿐 산책과 간식은 꼬박꼬박 챙기며 한결같이 사부작거리는 구름이와 함께 건강하게 지내고 있다.
제리코를 그만두고 동네 카페를 전전하는 몇 년 동안 무수히도 많은 예전 단골 손님들을 곳곳에서 마주치며 쑥쓰러운 인사를 나누었다.
내가 제리코를 처음 오픈했을 땐 일산에서 대형 프랜차이즈 커피전문점 몇 개를 제외하곤 동네 카페는 구경할 수도 없었는데, 몇 년 사이 셀 수도 없이 많은 카페들이 여기저기에 생겼다가 또 흔적도 없이 사라지고 있다.
가끔 카페 컨설팅을 문의하는 사람들을 만나면 카페를 경영하면서 고생했던 이야기를 들려주며 극구 말리면서 회의적인 조언을 건넨다. 그러면서도 정작 나는 다시 제리코를 여는 상상을 가슴 속 한켠에 늘 비축해두고 살고 있다.

나는 일산 정발산에서 2년째 빈티지 숍을 운영 중이다.
손님으로 왔던 아나운서 김지은 씨가 빈티지 패션을 좋아하는 백마담에게 그녀가 10년 넘게 소중히 모아온 방대한 양의 빈티지 소품과 옷들을 선물했고, 비슷한 시기에 제리코의 또 다른 손님인 발레리아 서주연 씨가 멋쟁이 시이모님의 빈티지 유품들을 선물하는 우연이 겹쳤다.
늘 빈티지 원피스 차림으로 옷을 뽐내더니 결국 옷가게를 차리게 된 것이다. 하지만 아쉽게도 이렇다 할 만큼 돈 버는 재능을 발휘하지 못하고 있고, 사람들은 보기에만 그럴듯한 한량인 나를 팔자 좋은 인생이라고 부러워한다.
옷가게에 손님으로 온 한 여인의 이야기를 잠시 언급하고 싶다.
두어 번 와서 옷을 산 적이 있는 그 손님은 소나기가 퍼붓던 어느 가을, 우산 없이 왔다가 비를 피해 잠시 머물렀는데 그때 내가 커피를 직접 내려 대접을 했다. 여인은 드립커피 맛이 좋다고 칭찬했고, 비가 그치기까지 긴 시간 동안 자연스럽게 내가 카페를 경영했던 시간들에 관해 이야기를 나누게 되었다. 그 카페의 모습을 몹시도 궁금해하던 그녀에게, 한때 부지런히 꾸렸던 홈페이지 속 사진들과 카페 스토리를 보여주게 되었다.
일주일 뒤 그녀는 책 출판 계약서를 들고 내 앞에 등장했고 나는 그 계약서에 멋지게 사인을 했다.
그러니까 나는 이렇다 할 수익을 내지 못한 옷가게를 작업실 삼아 일 년 동안 이 책을 집필한 것이다. 마음 결이 고운 제리코의 사람들을 주인공으로 책을 쓰고 싶다던 내 오랜 염원을 이루게 해준 옷가게와 그 옷가게를 열기까지 도와준 인연들, 그리고 이곳에서 운명처럼 만난 에디터에게 감사의 말을 전하고 싶다. 재능 없는 초보 글쟁이에 유난스럽게 까탈스러운 나를 만나 지겹도록 언쟁을 하면서도 지금까지 믿고 기다려준 출판사의 배려가 없었다면 이 책은 세상의 빛을 보지 못했을지도 모른다.
책이 나온다는 소식을 접한 손님들은 그들이 간직해왔던 사진들을 나에게 보내주었다. 사람들이 각자 기억하는 제리코의 모습을 함께 책에 실을 수 있게 되어 나 또한 기쁘다. 일일이 이름을 거론할 수 없을 만큼 많은 사람들에게 '제리코 사람들'로 뭉뚱그려 한꺼번에 감사 인사를 전해야 할 것 같다.

책을 집필하는 일 년 동안 나는 과거의 시간들 속에 머물러 있었다. 시간을 거슬러 올라가 그때의 나와 사람들을 다시 접했고, 마치 연애를 하듯 숱하게 미운 마음 고운 마음을 반복하면서 지내왔던 그곳을 원없이 그리워하면서 지냈다. 그러다 내가 그동안 애써 피해왔던, 응어리진 시간 속에 정체되어 있는 내 아픈 감정과 마주하게 되었고, 마지막 페이지를 써내려갔을 땐 거짓말처럼 말끔히 치유된 나를 보았다.

제리코를 양도하면서 카페를 인수한 새 주인을 설득해 권리금 100만 원을 깎아주는 조건으로 벽화를 지우고 나왔다. 집기들을 남겨두고 나오는 것은 아무렇지도 않았지만, 아무래도 그 벽화만은 두고 오기 싫었나보다. 지금 생각해보면 그렇게 하길 정말 잘한 일이다.

내 책에 주인공인 제리코의 사람들과 함께한 959일간의 여행을 마무리하며 벽화를 지우고, 마지막 파티를 했던 것이 지난 밤 같다.

말버릇처럼 빨리 흐르는 시간을 탓하며 살았지만, 추가 멈춰 있는 채로 벽에 걸려 있는 시계마냥 드물게 흐르는 시공간이었던 제리코가 이렇게 기록으로 남아 제리코를 그리워하는 사람들에게 안부를 전하게 되었다.

올해 여름은 태어나서 처음 겪는 무시무시한 폭염 때문에 이민을 가고 싶을 만큼 더위에 시달렸고, 기다리는 것말고는 아무것도 할 수 없었던 힘든 여름을 보내고 나니 어느새 가을이다.

오늘은 동네 빵집에 앉아 맛없는 빵과 담배 냄새 나는 커피를 마시며 창밖의 하늘을 바라보았다.

집에 오는 길엔 강원도의 쉘리스 커피 근영언니에게 무작정 전화를 걸었다. 내가 마셨던 맛없는 커피의 원인이 마치 그녀인 양 이유 없이 시비를 걸고 맛있는 커피를 내놓으라며 생떼를 썼다.

내일이면 드디어 제대로 된 커피를 마실 수 있다.

시간은 참 잘도 흘러간다.

얼마 전, 몇 년간 생사조차 알 수 없었던 제리코의 수호천사 에릭이 알래스카에서 새로운 인생을 시작했다고 소식을 전하면서 행복하다고 덧붙였다.

나도 에릭에게 제리코의 책 소식을 전해주면서 행복에 관한 자연스러운 단상들을 떠올렸다.

그에게 제리코를 다시 열게 되었다는 기쁜 소식을 전하는 순간을 상상하며 나는 긴 산책을 나선다.

일러스트 봉수민